目次

■本書の使い方

①このノートは，実教出版の教科書「ビジネス基礎」(商業701)に準拠しています。

②穴埋め形式の**要点整理**で知識を定着させたあと，応用的な問題を含む**Step問題**にチャレンジしましょう。

③要点整理には，一定のまとまりごとに，**チェックボックス**をつけました。よくできた場合は，一番上のチェックボックス( )にチェックをつけましょう。できた場合は真ん中( )，あとでもう一度解きたい場合は，一番下のチェックボックス( )にチェックをつけましょう。すべてのチェックボックスが笑顔になるまでくり返し解きましょう。

④Step問題は，難易度の高い問題に ，記述問題に をつけました。記述問題は**解答のポイント**を別冊解答解説に掲載しています。自分自身の解答がポイントをおさえられているかを確認しましょう。

⑤各章末に，教科書の内容に関連した実習課題である**探究問題**と**重要用語の確認**を掲載しています。探究問題にも積極的に取り組み，ほかの人と意見交換などを行ってみましょう。

⑥7章は電卓を使用できる問題に ，使用できない問題に をつけました。

⑦よりよい学習を実践できるよう**目標設定＆振り返りシート**(▶p.94)を活用してください。

1節 いざ，ビジネスの世界へ

教科書 p.8〜19

正答数　　／29問

ビジネスの世界とは，企業や個人が競争し，生活の向上に役立つ活動が活発に行われている世界である。次の四つのビジネスの世界の特徴的なScene（p.10〜13）と商業の学習（p.16〜17）を結びつけながら，解答欄にあてはまる語句を書きなさい。

Scene1

驚きと感動がお客をつかむ

今日の私たちの社会は豊かになり，ものやサービスが溢れている。しかし，その反面，どんなものを買っても，どんなサービスを受けても，それほど大きな違いがないことも多くある。

そのため，ものやサービスを提供する企業は，お客の視点に立って，お客の求めるもの，すなわち（①　　　　）を適切にとらえ，お客に驚きと感動を与えなければ，競争に敗れてしまう。

マーケティング分野

（②　　　　）の実現のために，お客の（①）をとらえる能力を身につけ，お客の（①）を満たすためのさまざまな活動について学ぶ。

○この分野の科目

③
④
⑤

Scene2

企業と社会を成長させる

大きな経済成長が実現しにくいなか，企業が成長，存続していくためには，働く人を適切に配置したり，設備，資金，情報などを適切に組み合わせたりして，変化に対応していかなければならない。

また，（⑥　　　　）が進んだ世界では，ビジネスも地球規模で考えなければならない。

マネジメント分野

ビジネスを発展させていくための経営の手法や，ビジネスの創造，企業の（⑦　　　　）や法規，経済の（⑥）や日本経済の現状，経済理論などについて学ぶ。

○この分野の科目

⑧
⑨
⑩

Scene3

企業の成績を数字で示す

変化の激しいビジネスの世界では，企業の活動が順調なのか不調なのかなど，活動の状況をいつも知っておく必要がある。また，株主や銀行などから受け取った経営のための資金を，どのように活用して，どれだけ（⑪　　　　）を得たのかなどについても企業は公開，（⑫　　　　）しなければならない。

そこで，企業の活動を一定のルールに従って記録し，（⑫）する技術，すなわち会計が必要となる。

会計分野

企業の経営活動を一定のルールで記録する（⑬　　　　）や会計情報の提供の仕方，会計情報を経営に利用する方法について学ぶ。

○この分野の科目

⑭
⑮
⑯
⑰
⑱

Scene4

ICTがビジネスを変える

ビジネスの世界では，企業のコンピュータと個人のパソコンやスマートフォンなどが（⑲　　　　）で繋がり，情報がやりとりされている。そして，（⑳　　　　）の高度化が進んでいる。

そのため，今日のビジネスの世界では，（⑳）をいかに活用するかがビジネスの成長を大きく左右する。

ビジネス情報分野

ビジネスの世界で利用されるソフトウェアの操作や，コンピュータや情報通信ネットワークに関する内容，プログラミングなどを学ぶ。

○この分野の科目

㉑
㉒
㉓
㉔
㉕

四つの分野の学習以外に，次の科目についても学ぶ。

○基礎的科目

㉖
㉗

○総合的科目

㉘
㉙

要点整理

正答数　　／13問

教科書の内容についてまとめた次の文章の（　　）にあてはまる語句を書きなさい。

1 ビジネスの世界で活躍

教科書 p.8〜9

Check!

私たちが，いつも何気なく使っているものやサービスは，（①　　　　　　）や個人によって提供されている。（①）や個人が競争し，生活の向上に役立つ活動が活発に行われている世界，それが（②　　　　　　）の世界である。

2 ビジネスで必要な心構え

教科書 p.14〜15

Check!

めまぐるしく変化するビジネス環境に対処するには，チームで働かなければならない。そのため，チームの一員としてチームに合わせる（③　　　　　　）を持ち，意見の違いを理解する力が求められる。また，チームを引っ張っていく（④　　　　　　）も必要である。さらに，挨拶や言葉遣いに気をつけ，誠実な態度や思いやりを持った行動をとることで，（⑤　　　　　　）が生まれ，働きやすい職場環境がつくられる。

良い仕事をするためには，自己管理が必須である。体調不良で欠勤したり，寝不足でミスをしたりしないよう（⑥　　　　　　）を心がけ，心身ともに健康な状態で仕事に臨むことが大切である。また，スケジュールを立て，計画的に仕事を行う（⑦　　　　　　）を意識することも（⑤）を築く第一歩となる。

ビジネスでは利益を得ることを目指すが，それだけに重点を置きすぎないようにする。社会の一員として法を守る（⑧　　　　　　）を持ち，人としての良心，すなわち（⑨　　　　　　）や責任感などを備えた豊かな人間性を身につけてビジネスに臨むことが，社会全体の発展や人々の幸福に繋がる。そこに社会の一員として働く意義がある。

課題を解決し，ビジネスを成長させるためには，新しい技術の開発や流通の仕組みの工夫，新しいアイディアの創造などが必要である。新しい技術やアイディアを生み出す力が（⑩　　　　　　）である。（⑩）を身につけるためには，自分自身の力で解決しようとする（⑪　　　　　　）のある行動を心がけることが大切である。また，どのようなものをつくれば人々のためになるか，どのようなサービスの提供を人々は望んでいるかなど，ビジネスを通じて（⑫　　　　　　）をしようという心構えを持つことも必要である。

3 しっかり楽しく学んでいこう

教科書 p.18〜19

Check!

商業の学習では，何事にも関心を持ち，自分の考えを積極的に発信すると同時に，ほかの人の意見や考え方を取り入れようとする姿勢も大切である。また，ビジネスの世界では，考え方の土台となる知識や技術の基礎・基本を学ぶことが大切である。さらに，進路を考えて学習したり，常に学び続ける（⑬　　　　　　）の意識を持つことも必要である。

▶Step問題

1 最近自分が購入した商品やサービスで驚いたり感動したりしたものと理由をあげ，その商品やサービスを提供している企業名を書こう。

商品・サービス

理由

企業名

2 ビジネスの世界で必要な心構えのうち，高校生活で意識して伸ばしていきたいことを理由とともにあげてみよう。

3 高校卒業後の進路について現在考えていることや，それを実現するために必要な取り組みや身につけたい能力をあげてみよう。

4 高校卒業までに合格したい検定試験をあげてみよう。

2節 私たちの社会とビジネス(1)

教科書 p.20～25

要点整理

正答数　／19問

教科書の内容についてまとめた次の文章の(　　)にあてはまる語句を書きなさい。

1 私たちの生活とビジネス

教科書 p.20～21

Check!

私たちが購入し，(①　　　　　)している商品は，自分以外の誰かによってつくり出され，店や私たちのもとへ届けられている。このように商品をつくる活動である(②　　　　　)や，生産者から消費者へ商品を届ける活動である(③　　　　　)は，企業や個人が利益を得るために(④　　　　　)として行っている。

商品とは，お金を使った取引の対象であり，有形財である(⑤　　　　　)と無形財である(⑥　　　　　)に分けることができる。

(④)とは，(⑤)，(⑥)が(②)，(③)，(①)されるまでの過程で，企業や個人が利益の獲得を目指して行う活動であり，(②)，(③)，(①)の一連の繫がりを(⑦　　　　　)という。

2 社会を支えるビジネス

教科書 p.22～25

Check!

農業や漁業などの(⑧　　　　　)，製造業などの第二次産業に分類されるビジネスでは，「もの」を生産している。そのどちらにも分類されないビジネスは，すべて(⑨　　　　　)に分類され，そこでは「サービス」を生産(提供)している。

生産者が生産した商品(もの)は，(⑩　　　　　)を経るなどして，(⑪　　　　　)で販売され，私たちの手に渡り消費される。(⑩)は，生産者と(⑪)を仲介し，(⑪)が求める商品を生産者から仕入れ，(⑪)に販売している。

生産者，(⑩)，(⑪)，消費者がそれぞれ離れた場所にいるときには，商品(もの)の(⑫　　　　　)が必要になる。また，必要に応じて商品(もの)を(⑬　　　　　)しておく倉庫業というビジネスもある。

銀行は，資金を必要とする企業に対して(⑭　　　　　)をすることで，保険会社は，損害に備えるための(⑮　　　　　)を提供することで，ビジネスを行ううえでの金銭的な損失の負担を減らしている。(⑭)や(⑮)などの資金を融通するビジネスを(⑯　　　　　)という。また，今日では情報に関わる業務をサポートする(⑰　　　　　)のビジネスの必要性が増している。

ビジネスは，消費者の幅広い(⑱　　　　　)を満たすことで発展，拡大する。ビジネスが発展，拡大すれば，人々の働く場所が増え，収入が安定したり，道路や学校などの(⑲　　　　　)が整備され，生活がより便利になり，生活水準も向上する。

▶Step 問題

正答数　／10問

1 次の各文の下線部が正しい場合は○を，誤っている場合は正しい語句を書きなさい。

(1) 消費を中心とした私たちの生活は，生産と流通の働きによって支えられているが，この生産，流通，消費の一連の繋がりをビジネスという。

(2) 商品とは，お金を使った取引の対象であり，有形の「もの」と，無形の「サービス」に分けられるが，「サービス」を生産(提供)するビジネスは第二次産業に分類される。

(3) 生産者と小売業を仲介し，小売業が求める商品を生産者から仕入れ，小売業に販売する事業を卸売業という。

(4) 商品を輸送したり，保管したりするビジネスは物流サービスを提供している。

(5) ビジネスに必要な資金を提供したり，損害に備えるための保険を提供したりするビジネスを銀行という。

(1)		(2)		(3)	
(4)		(5)			

2 次の(1)〜(4)のサービスを担うビジネスを，下のア〜オの中からあてはまるものをすべて選び，記号で答えなさい。

(1) 流通サービス （　　　）

(2) 物流サービス （　　　）

(3) インターネット接続サービス （　　　）

(4) 資金提供・保険サービス （　　　）

ア 輸送　**イ** 情報通信　**ウ** 保管　**エ** 売買　**オ** 金融

3 ビジネスが発展，拡大することで，私たちの生活はどのような恩恵を受けるか説明しなさい。

2節 私たちの社会とビジネス(2)

教科書 p.26〜34

要点整理

正答数 ／15問

教科書の内容についてまとめた次の文章の(　　)にあてはまる語句を書きなさい。

3 産業構造の変化とビジネス

教科書 p.26

Check!

経済発展に伴い，第一次産業から第二次産業，第三次産業へと産業の中心が変化していくことを(①　　　　　　　　)といい，(①)が進み，第三次産業が占める就業者数や市場規模の割合がほかの産業に比べて大きくなることを(②　　　　　　　　)という。

4 情報化とビジネス

教科書 p.27

Check!

情報化の進展とともに，情報漏洩のリスクも高まっている。このような事態を避けるため，(③　　　　　　　　)を万全にすることが求められるようになり，それに関連するビジネスが登場している。また，情報通信技術すなわち(④　　　　　　　　)を使いこなせる人とそうでない人との間にある情報に関する格差の問題を解決するため，より使いやすい商品の開発も進められている。ビジネスにおいて情報を利用する企業や担当者は，情報モラルを持ち，情報を上手に活用できる(⑤　　　　　　　　)も身につける必要がある。

5 グローバル化とビジネス

教科書 p.28

Check!

人，商品，お金，情報が国境を意識せずに地球上のどこでも自由に行き来するようになることを(⑥　　　　　　　　)という。(⑥)が進むと，異なる文化圏の人との接点が広がり，それぞれの国の文化や習慣に適切に対応する(⑦　　　　　　　　)が求められる。近年，日本では(⑧　　　　　　　　)を国の重要な施策としている。海外からの訪日旅行である(⑨　　　　　　　　)を念頭に入れたビジネスを展開する必要がある。一方，(⑥)とともに企業の生産拠点が海外に移転し，国内の産業が衰退していく(⑩　　　　　　　　)という現象も起こっている。

6 社会の課題とビジネス

教科書 p.29〜34

Check!

環境やエネルギーに関する課題に対しては，(⑪　　　　　　　　)などの開発やエネルギー使用の効率化，リサイクルの推進などのビジネスが行われている。

また，食料，食品に関する課題に対処するため株式会社などが農業に参入したり，生産者は安全性が高く，高品質で収益性の高い(⑫　　　　　　　　)の提供を目指したりしている。

人口に占める子どもの割合が低下し，高齢者の割合が増加する（⑬　　　　　　　　）に対しては，高齢者の活発な消費を引き出すビジネスが求められ，福祉分野の拡大に加え，新たなビジネスが創出されている。

さらに，社会的に弱いとされる立場の人が，ほかの人たちと同じように生活できるようにする（⑭　　　　　　　　）の実現も保育や介護などの福祉に関するビジネスには求められている。製造分野では，年齢や性別，障がいの有無，言語，国籍などにかかわらず，すべての人にとって使いやすい（⑮　　　　　　　　）の商品が数多く開発されている。

▶Step 問題

正答数　／8問

1　次の各文の下線部が正しい場合は○を，誤っている場合は正しい語句を書きなさい。

(1)　<u>第二次産業</u>が占める就業者数や市場規模の割合がほかの産業に比べて大きくなることをサービス経済化という。

(2)　ICTを使いこなせる人とそうでない人との間にあるような情報の格差のことを<u>デジタル・デバイド</u>という。

(3)　自国のやり方をそのまま他国に持ち込まず，それぞれの国の文化や習慣に適切に対応することを<u>グローバル化</u>という。

(4)　社会的に弱いとされる立場の人が，ほかの人たちと同じようにに生活できるようにすることを<u>ユニバーサルデザイン</u>という。

(5)　環境負荷を減らして循環型社会を目指す試みである３Rとは<u>リバイバル</u>・リユース・リサイクルのことである。

(1)		(2)		(3)	
(4)		(5)			

2　下の「日米中の人口構造の比較」に関するグラフについて次の問いに答えなさい。

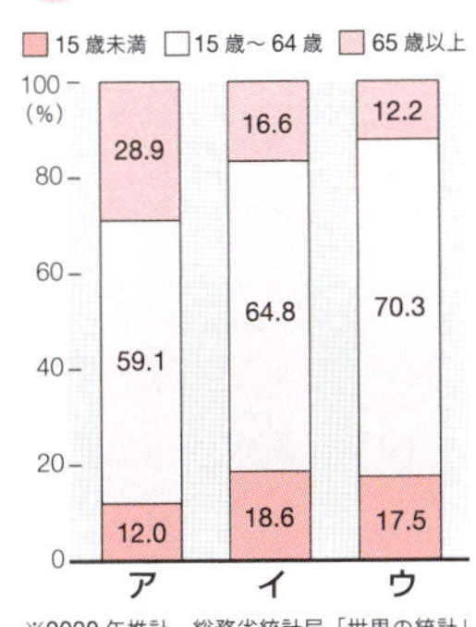

※2020年推計。総務省統計局「世界の統計」より作成。

(1)　**ア，イ，ウ**のうち日本のグラフはどれか記号で答えなさい。

(2)　人口の中で子どもの割合が低下し，高齢者の割合が増加することを何というか答えなさい。

(3)　(2)の状態が続くとどのような社会的課題が発生するか答えなさい。

(1)		(2)	
(3)			

◆探究問題

●参照：p.28／5 グローバル化とビジネス　p.29／6 社会の課題とビジネス

1 映画やアニメなどの舞台となり観光地になった場所を調べ，観光客に向けてどのような取り組みをしているか書き出してみよう。

観光地

具体的な取り組み

2 ①について，観光地になったことで発生した課題がないか調べ，自分で対応策を考えてみよう。

課題

対応策

3 一つの企業を取り上げ，環境問題やエネルギー問題に関しどのような取り組みをしているか調べて書き出してみよう。

企業名

取り組み

4 ユニバーサルデザインを採用している具体的な商品をあげ，デザインについて説明してみよう。

商品名

デザインの説明

重要用語の確認

正答数 1回目 ／23問 2回目 ／23問

次の(1)〜(23)にあてはまる用語を書きなさい。

1回目□ 2回目□ (1) お金を使った取引の対象のこと。（　　　）

□□ (2) 商品をつくる活動。（　　　）

□□ (3) 生産者から消費者へ商品を届ける活動。（　　　）

□□ (4) 形のある商品(有形財)。（　　　）

□□ (5) 形のない商品(無形財)。（　　　）

□□ (6) もの，サービスが生産，流通，消費されるまでの過程で，企業や個人が利益の獲得を目指して行う活動。（　　　）

□□ (7) 生産，流通，消費の一連の繋がりのこと。（　　　）

□□ (8) 資金提供や保険などで，資金を融通するビジネスのこと。（　　　）

□□ (9) 必要だと思ったり，欲しいと思ったりする気持ち。（　　　）

□□ (10) 道路や学校などの生活や経済活動を支える基盤となるもの。（　　　）

□□ (11) 第一次産業から第二次産業，第三次産業へと産業の中心が変化していくこと。（　　　）

□□ (12) 第三次産業に占める就業者数や市場規模の割合がほかの産業に比べて大きくなること。（　　　）

□□ (13) 情報の安全性を維持すること。（　　　）

□□ (14) 情報を扱ううえで守らなくてはならない基準。（　　　）

□□ (15) 情報を上手に活用するための知識や技術。（　　　）

□□ (16) 人,商品,お金,情報が国境を意識せずに地球上のどこでも自由に行き来するようになること。（　　　）

□□ (17) それぞれの国の文化や習慣に適切に対応すること。（　　　）

□□ (18) 海外からの訪日旅行のこと。（　　　）

□□ (19) 人間が利用する以上の速度で，自然界によって再生されるエネルギー。（　　　）

□□ (20) 生産過程で新たに加えられた価値である付加価値の高い商品。（　　　）

□□ (21) 人口に占める子どもの割合が低下し，高齢者の割合が増加すること。（　　　）

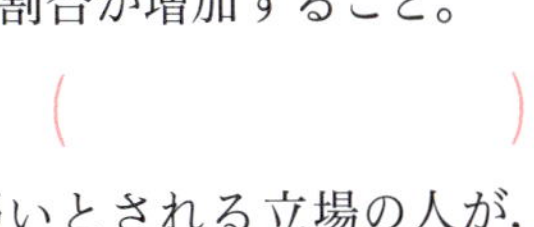

□□ (22) 社会的に弱いとされる立場の人が，ほかの人たちと同じように生活できるようにすること。（　　　）

□□ (23) すべての人にとって使いやすいデザイン。（　　　）

▲アプリはこちらから

アプリでほかの問題にもチャレンジしてみよう！

1節 コミュニケーション

教科書 p.36〜37

要点整理

正答数　／5問

教科書の内容についてまとめた次の文章の(　　)にあてはまる語句を書きなさい。

1 コミュニケーションの役割

教科書 p.36

Check!

会社や学校などの組織では，目標の達成に向けて円滑に運営されるように，所属している人どうしの人間関係が良好に保たれなければならない。そのために必要なものが(①　　　　　　　　)である。(①)では，情報，意味，(②　　　　　　)を相手の状況に配慮してわかりやすく伝えたり，相手が伝えてきたことを正確に受け取って理解したりすることが大切である。

2 話し方と聞き方

教科書 p.37

Check!

相手に好感を持たれる話し方のポイントは，(③　　　　　　　)に従って要点をまとめ，簡潔に話すこと，(④　　　　　　)から先に話すこと，わかりやすい言葉を使うこと，聞き取りやすい声の大きさと速さで，相手の反応を確かめながら話すことである。

聞き方のポイントは，相手と視線を合わせ，熱心に聞きながら返事をすること，うなずくなどの態度を相手に示すこと，メモを取り，(⑤　　　　　　)すること，質問は話が終わってからすること，言葉の表面的な意味だけでなく，相手の意図を総合的に判断して理解することなどである。

▶Step 問題

正答数　／5問

1 次の各文の下線部が正しい場合は○を，誤っている場合は正しい語句を書きなさい。

(1) 直接的コミュニケーションは，印刷物，機器，電波などのメディアを通じて行う。

(2) ノンバーバルコミュニケーションは，身ぶりや手ぶり，表情や態度などで行う。

(3) インフォーマルコミュニケーションは，会社での会議や打ち合わせなどで行う。

(4) 話の経緯がわかるように，結論は最後に話す。

(5) 相手が話したことを聞き逃さないようにメモを取り，内容を必ず復唱する。

(1)		(2)			
(3)		(4)		(5)	

2節 ビジネスマナー

教科書 p.38~51

要点整理

正答数　／21問

教科書の内容についてまとめた次の文章の（　　）にあてはまる語句を書きなさい。

1 ビジネスマナーの重要性

教科書 p.38

Check!

社会人になると，学生時代と違い，上下関係がある上司，（①　　　　　　）のある取引相手などさまざまな人と付き合うことになる。仕事を通じて周りの人と良い関係を築き，効率良く円滑に仕事を進めるためには，相手を尊重する気持ちや，仕事に対する姿勢を行動に表した（②　　　　　　）を身につけることが大切である。

2 基本的なビジネスマナー

教科書 p.39~42

Check!

（③　　　　　　）とは，相手に不快感を与えないように，自分の服装や髪形などの外見を整えることをいう。初対面の場合は，人柄を判断する材料がないため，外見だけで人柄を判断され，それが（④　　　　　　）として残ることがある。誰にでも好感を持って受け入れられる（③）のポイントは，（⑤　　　　　　）であること，（⑥　　　　　　）で動きやすい服装であること，周りとの調和を考えることである。

コミュニケーションの始まりとして行われる（⑦　　　　　　）には，人の心と心を繋ぐ大切な役割がある。（⑦）は自分から進んで行うよう心がけるとよい。また，心をこめた（⑧　　　　　　）をすることで，相手に対する敬意や感謝の気持ちを伝えることができる。（⑧）にはその場面に応じた三つの形がある。廊下などですれ違うときや部屋の入退室，訪問先でお茶を出されたときなどに用いる（⑨　　　　　　），お客の送迎や訪問先で挨拶をするときに用いる（⑩　　　　　　）（敬礼），深い感謝や謝罪をするとき，式典や訪問先から退社するときなどに用いる（⑪　　　　　　）である。

相手に敬意を表す言葉遣いである（⑫　　　　　　）を適切に使うことにより，相手への敬意と自分自身の誠実さを伝えることができる。（⑫）には，相手の動作を高めることで敬意を表す（⑬　　　　　　），自分や身内側の動作をへりくだって表現することで，間接的に相手を高めて敬意を表す（⑭　　　　　　），「です」「ます」をつけて丁寧に言うことで相手への敬意を表す（⑮　　　　　　）がある。また，相手に敬意を表す呼び方である（⑯　　　　　　）は，状況に応じて正しく使い分ける必要がある。例えば，社外の人に社内の人をさしていうときは，会社での役職や年齢が上でも（⑯）はつけないようにする。

Check!

3 場面に応じたビジネスマナー

教科書 p.43~51

来客や電話の応対などでは，「自分の応対が会社の印象を左右する」ことを忘れずに，お客に接することが大切である。相手の役に立つよう気を配り，必要なことに気づき，言葉に出し相手に伝えたり，行動したりすることを(⑰　　　　)という。

名前や会社名，電話番号，メールアドレスなど，さまざまな情報が記されている(⑱　　　　)は，その人自身を表すものであるため，大切に取り扱う。(⑱)の受け渡しは両者が立って行い，(⑲　　　　)の人が先に出す。

電話応対では，(⑳　　　　)・迅速・丁寧を心がけ，相手の立場に立った親切な応対を心がける。特に聞きもらしや聞き違いがないよう，最後にメモを見ながら(㉑　　　　)するようにする。

▶Step 問題

正答数　　／34問

1 次の各文の内容が正しい場合は○を，誤っている場合は×を書きなさい。

(1) 社会人の男性の靴下は黒やグレーなどを基本とし，くるぶし丈の靴下は避ける。

(2) 社会人になれば髪染めは一般的なことなので，自分の判断で髪の毛を染めてもよい。

(3) ビジネスの場では女性のストッキングは洋服に合わせて華やかな色のものを選ぶと統一感があってよい。

(4) スーツのボタンは留めなくてよい。

(5) オフィスカジュアルを導入している会社では，ジーンズやサンダルなどでもよい。

(1)		(2)		(3)		(4)		(5)	

2 次の(1)~(3)の場面にふさわしいお辞儀の種類を書きなさい。

(1) 深い感謝や謝罪をするとき，式典や訪問先から退社するときなどにするお辞儀。

(2) 廊下などですれ違うときや部屋の入退室をするときなどにするお辞儀。

(3) お客の送迎や訪問先で挨拶をするときなどにするお辞儀。

(1)		(2)		(3)	

3 次の(1)〜(2)の誤りを訂正し，正しい敬称で書きなさい。

(1) (取引先の部長に対し)山本部長様

(2) (取引先の会社に対し)弊社

(1)		(2)	

4 次の表の空欄に適切な言葉を書きなさい。

常体	尊敬語	謙譲語	丁寧語
会う			
言う			
行く			
いる			
帰る			
聞く			
来る			
する			
食べる			
見る			

5 次の各文の下線部を適切な形に訂正して書きなさい。

(1) お客様が申された。

(2) (アポイントのある来客に)当日は，３時までに参られてください。

(3) 父が先生におっしゃった。

(4) 木村様はこちらのお料理はいただきますか。

(5) お客様がおっしゃられる。

(1)		(2)		(3)	
(4)		(5)			

6 次の各文の下線部が正しい場合は○を，誤っている場合は正しい語句を書きなさい。

⑴ 来客を案内する際，来客の少し前の壁側を歩き，来客に中央を歩いてもらう。

⑵ 内開きのドアの部屋に案内する際は，先に来客に室内に入ってもらう。

⑶ 来客をエレベーターで見送る場合は，来客が乗り込み，ドアが閉まるまでお辞儀をする。

⑷ 座席の順序で目上の人が座る席を席次という。

⑸ 社外の人に社内の人をさしていうときは，上司には敬称をつける。

⑴		⑵		⑶	
⑷		⑸			

7 次の名刺に関する問いに答えなさい。

⑴ 受け取った名刺の名前の読み方がわからなかった場合は，どのように相手に伝えればよいか答えなさい。

⑵ 名刺を受け取るときには，何と言って受け取るか答えなさい。

⑶ 名刺を渡すときには，どのような言葉を添え，どのように（名刺の向きや持つ位置など）渡せばよいか答えなさい。

⑷ 名刺を受け取ったあと，そのままテーブルを挟んで商談をする場合は名刺をどのように扱えばよいか答えなさい。商談の相手は一人である。

⑸ 名刺を切らしている場合は，どのように相手に伝えればよいか答えなさい。

⑴	
⑵	
⑶	
⑷	
⑸	

8 次の各文の内容が正しい場合は○を，誤っている場合は×を書きなさい。

⑴ 電話をかける際は，相手が確実につかまりやすい始業直後にかけるとよい。

⑵ 電話がかかってきた場合は，着信音が２回鳴り終わるまでには出るようにする。

⑶ 電話がかかってきた場合に，相手が名乗らずに社内の人間を指名した場合は，名前をたずねると失礼にあたるのでそのまま名指し人に取り次ぐ。

⑷ 原則として電話はかけた側から切る。

⑸ かかってきた電話で名指し人が社内にいない場合は，用件を聞いても仕方がないので，不在の旨を伝えてそのまま電話を切る。

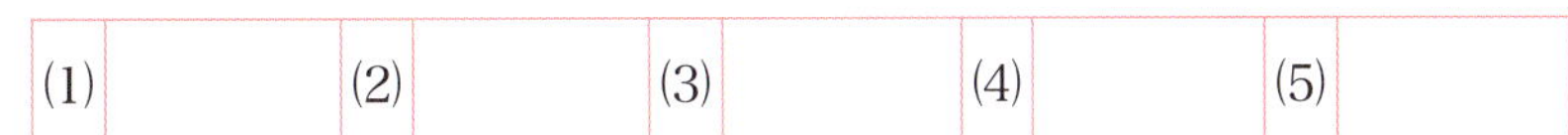

(1)		(2)		(3)		(4)		(5)	

9 次の文章を読んで，あとの問いに答えなさい。

14時45分頃鈴木さんが自席で仕事をしていると，１階受付にある内線電話からＢ社の田中さんの来訪が告げられた。約束相手である山本課長は打ち合わせ中だったので，来訪を伝え，１階までお客様を迎えに行った。なお，山本課長は田中さんと約束した時間の15時までには，応接室に向かうとのことであった。鈴木さんは田中さんに(a)出迎えの挨拶をし，エレベーターで５階の(b)応接室まで案内した。

⑴ 下線部(a)に関し，出迎える際にふさわしい挨拶を書きなさい。

⑵ 下線部(b)に関し，応接室ではどのように田中さんに声をかければよいか書きなさい。

⑶ 下線部(b)に関し，応接室が次のような配置の場合，来客にはどの席を勧めればよいか，番号で答えなさい。

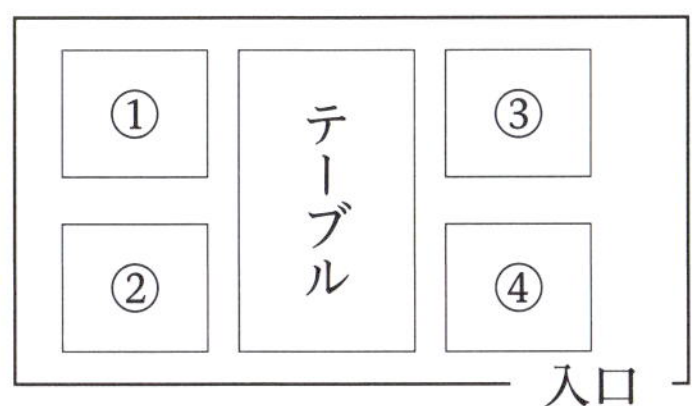

(1)	
(2)	
(3)	

3節 情報の入手と活用

教科書 p.52～56

要点整理

正答数 ／17問

教科書の内容についてまとめた次の文章の(　　)にあてはまる語句を書きなさい。

1 情報の重要性と扱う際の注意点

教科書 p.52～53

Check!

ビジネスをより効率的に行うためには，(①　　　　　　)を入手することが不可欠である。もし，持っている(①)が不十分であれば，活動の目的を達成できなくなるかもしれない。

(①)を扱う際には，それが(②　　　　　　)できるものかを見極める必要がある。特に(③　　　　　　　　　　)では，誰もが簡単に(①)を発信できるため，誤った(①)を入手する恐れもある。誤った(①)をもとにビジネスを行うと，大きな損失が発生したり，信用を失ったりする可能性がある。(①)の信頼性を見極めるためには，(①)を比較し，判断することが大切である。

ビジネスでは，(④　　　　　　　　)を取り扱うことがある。(④)は，(⑤　　　　　　　　　　)に配慮して取り扱うことが求められる。また，著作権などの(⑥　　　　　　　　)によって保護されている(①)もある。そのような(①)を権利者に無断で取り扱うことは違法行為となることに注意しなければならない。

2 情報の入手方法

教科書 p.54～55

Check!

インターネットの特徴は，世界中の大量かつ最新の情報を，(⑦　　　　　　　　)に手に入れられることにある。(⑧　　　　　　　　)の精度も日々向上している。また，キーワードなどを登録しておくと最新記事を自動で収集する(⑨　　　　　　　　　　)などもある。

書籍と雑誌の特徴は，(⑩　　　　　　　　)にある。書籍は，テーマがしぼられているため，調べたい分野が明確な場合などに，効率的に情報を入手できる。雑誌は，最新の情報から過去の情報までさかのぼって調べられることが特徴である。各府省庁が発行する(⑪　　　　　)の多くは毎年発行される。

ほぼ毎日発行される定期刊行物である(⑫　　　　　　　)は，さまざまな情報を扱っており，社会全体の動きをみるのに便利である。(⑫)は多くの人々に継続的に購読されているため，その特徴は(⑬　　　　　　　)だといえる。

テレビやラジオには，大勢の人が(⑭　　　　　　　)に同じ情報を得ることができる特徴がある。

顧客データや営業マニュアルなど，企業内には蓄積された(⑮　　　　　　　　　)がある。

ビジネス基礎(商業701) 準拠問題集 解答・解説

1章 商業の学習とビジネス
1節 いざ，ビジネスの世界へ

p.2～3

①ニーズ　②顧客満足　③マーケティング
④商品開発と流通
⑤観光ビジネス(③④⑤は順不同)　⑥グローバル化
⑦社会的責任　⑧ビジネス・マネジメント
⑨グローバル経済
⑩ビジネス法規(⑧⑨⑩は順不同)　⑪利益　⑫報告
⑬簿記　⑭簿記　⑮財務会計Ⅰ　⑯財務会計Ⅱ
⑰原価計算　⑱管理会計(⑭⑮⑯⑰⑱は順不同)
⑲ネットワーク　⑳ICT(情報通信技術)
㉑情報処理　㉒ソフトウェア活用
㉓プログラミング　㉔ネットワーク活用
㉕ネットワーク管理(㉑㉒㉓㉔㉕は順不同)
㉖ビジネス基礎
㉗ビジネス・コミュニケーション(㉖㉗は順不同)
㉘課題研究　㉙総合実践(㉘㉙は順不同)

要点整理　p.4

①企業　②ビジネス　③協調性　④リーダーシップ
⑤信頼関係　⑥健康管理　⑦時間管理　⑧遵法精神
⑨倫理観　⑩創造性　⑪主体性　⑫社会貢献
⑬生涯学習

▶Step 問題　p.5

【解答例】

1 最近自分が購入した商品やサービスで驚いたり感動したりしたものと理由をあげ，その商品やサービスを提供している企業名を書こう。

商品・サービス　例浅草メンチ
理由
例肉も具もジューシーで，並んで食べたかいがあった。食べる場所が用意されていてよかった。
企業名　例株式会社旨いぞお

2 ビジネスの世界で必要な心構えのうち，高校生活で意識して伸ばしていきたいことを理由とともにあげてみよう。

例健康管理を心がけて，皆勤賞を目指したい。また，宿題をやるのがギリギリになってしまうことが多かったので，時間管理を意識して余裕をもって何事にも取り組みたい。

3 高校卒業後の進路について現在考えていることや，それを実現するために必要な取り組みや身につけたい能力をあげてみよう。

例高校卒業後は，○○会社に就職して事務の仕事をしたい。簿記や情報処理の授業にしっかり取り組んで検定試験にも合格したい。バレーボール部でもレギュラーになれるように頑張り，高校生活を充実させたい。

4 高校卒業までに合格したい検定試験をあげてみよう。

例全商簿記実務検定１級，日商簿記検定２級，全商情報処理検定１級

■解答のポイント

❶・❷□理由をきちんと書けているか。
❸□自分の将来について真剣に考えているか。
□誤字脱字がないか。
□日本語として正しい文章が書けているか(主語が抜けていたり，主語と述語がねじれていたりしないか)。

□誤字脱字がないか，□日本語として正しい文章が書けているかは，すべての筆記問題で確認しよう！

1章 商業の学習とビジネス
2節 私たちの社会とビジネス(1)

要点整理　p.6

①消費　②生産　③流通　④ビジネス　⑤もの
⑥サービス　⑦経済　⑧第一次産業　⑨第三次産業
⑩卸売業　⑪小売業　⑫輸送　⑬保管　⑭資金提供
⑮保険　⑯金融　⑰情報通信　⑱ニーズ
⑲インフラ

▶Step 問題　p.7

1 (1)経済　(2)第三次産業　(3)○　(4)○
(5)金融

2 (1)**エ**　(2)**ア・ウ**　(3)**イ**　(4)**オ**

3 例人々の働く場所が増えて収入が安定する。税収が増えてインフラが整備される。より良い商品が企業から提供されることで，生活が豊かで便利になる。

■解答のポイント

□ビジネスが発展，拡大することで，私たちの生活がどのような恩恵を受けるかが書けているか。

1章 商業の学習とビジネス
2節 私たちの社会とビジネス(2)

要点整理 p.8～9

①産業構造の高度化　②サービス経済化
③情報セキュリティ　④ICT　⑤情報リテラシー
⑥グローバル化　⑦ローカライゼーション
⑧観光立国　⑨インバウンド　⑩産業の空洞化
⑪再生可能エネルギー　⑫高付加価値商品
⑬少子高齢化　⑭ノーマライゼーション
⑮ユニバーサルデザイン

Step問題 p.9

1 (1)第三次産業　(2)○　(3)ローカライゼーション
(4)ノーマライゼーション　(5)リデュース

2 (1)ア　(2)少子高齢化
(3)例労働力が減少して経済成長の伸びが低下したり，消費が伸び悩んだりする。

解答のポイント

□少子高齢化の状態が続くことによって発生する社会的課題が書けているか。

探究問題 p.10

［解答例］

1 映画やアニメなどの舞台となり観光地になった場所を調べ，観光客に向けてどのような取り組みをしているか書き出してみよう。

観光地　　例○○町
具体的な取り組み
例○○町公式観光サイトでの紹介，ロケ地マップの作成・配布，スマートフォンアプリ「舞台巡り」の紹介

2 1について，観光地になったことで発生した課題がないか調べ，自分で対応策を考えてみよう。

課題　　例近くに公衆トイレがない。道案内が少なく迷ってしまう人が多い。
対応策
例ロケ地マップに，駅やショッピングセンターなどのトイレ情報を掲載。道案内看板の設置。

3 一つの企業を取り上げ，環境問題やエネルギー問題に関しどのような取り組みをしているか調べて書き出してみよう。

企業名　　例味の素株式会社
取り組み
例森を守り，水を育むブレンディの森づくり活動など，環境問題に取り組んでいる。

4 ユニバーサルデザインを採用している具体的な商品をあげ，デザインについて説明してみよう。

商品名　　例アヲハタ株式会社ジャム
デザインの説明
例びんの上部に，握りやすい多面体デザインを採用し，開けやすくしている。キャップの内側には環境に配慮した素材を使用している。密封度を保ちながら開けやすいキャップになっている。ビンの下部に点字を入れている。

解答のポイント

□それぞれの項目で指示された内容に回答しているか。
□取り組みや対応策，ユニバーサルデザインに関する説明などを具体的に書けているか。

重要用語の確認 p.11

(1)商品　(2)生産　(3)流通　(4)もの
(5)サービス　(6)ビジネス　(7)経済　(8)金融
(9)ニーズ　(10)インフラ(インフラストラクチャー)
(11)産業構造の高度化　(12)サービス経済化
(13)情報セキュリティ　(14)情報モラル(情報倫理)
(15)情報リテラシー　(16)グローバル化
(17)ローカライゼーション　(18)インバウンド
(19)再生可能エネルギー　(20)高付加価値商品
(21)少子高齢化　(22)ノーマライゼーション
(23)ユニバーサルデザイン

2章 ビジネスとコミュニケーション
1節 コミュニケーション

要点整理 p.12

①コミュニケーション ②感情 ③5W3H
④結論 ⑤復唱

▶Step問題 p.12

1 (1)間接的コミュニケーション (2)○
(3)フォーマルコミュニケーション (4)最初
(5)○

2章 ビジネスとコミュニケーション
2節 ビジネスマナー

要点整理 p.13〜14

①利害関係 ②ビジネスマナー ③身だしなみ
④第一印象 ⑤清潔 ⑥機能的 ⑦挨拶 ⑧お辞儀
⑨会釈 ⑩普通礼 ⑪最敬礼 ⑫敬語 ⑬尊敬語
⑭謙譲語 ⑮丁寧語 ⑯敬称 ⑰ホスピタリティ
⑱名刺 ⑲目下 ⑳正確 ㉑復唱

▶Step問題 p.14〜17

1 (1)○ (2)× (3)× (4)× (5)×
【解説】(2)接客の仕事などでは髪染めが禁止されていることもある。職場での調和を考え，場合によっては上司に許可を取る必要がある。(3)ストッキングの色は肌色が基本である。(5)オフィスカジュアルは，ネクタイやジャケットなどを身につけなくてもよいという意味であり，何でもよいというわけではない
2 (1)最敬礼 (2)会釈 (3)普通礼(敬礼)
3 (1)山本部長(山本様) (2)御社
4

常体	尊敬語	謙譲語	丁寧語
会う	お会いになる	お目にかかる	会います
言う	おっしゃる	申し上げる，申す	言います
行く	いらっしゃる	伺う，参る	行きます
いる	いらっしゃる	おる	います
帰る	お帰りになる	失礼する	帰ります
聞く	お聞きになる	伺う，拝聴する	聞きます
来る	おこしになる	伺う，参る	来ます
する	なさる	いたす	します
食べる	召し上がる	いただく	食べます
見る	ご覧になる	拝見する	見ます

5 (1)おっしゃった (2)おこし
(3)申し上げた，申した (4)召し上がりますか
(5)おっしゃる

6 (1)○ (2)外開き (3)エレベーターが動き出す
(4)上座 (5)つけない
7 (1)例失礼ですが，どのようにお読みすればよろしいでしょうか。
(2)例ちょうだいします。
(3)例会社名，名前を相手の目を見てはっきり名乗り，相手が文字を読める向きで「よろしくお願いします」と言って，胸の高さに両手で差し出す。
(4)例テーブルの上に置いておき，書類が乗らないようにする。
(5)例申し訳ございません。本日はあいにく名刺を切らしております。
8 (1)× (2)○ (3)× (4)○ (5)×
【解説】(1)始業直後，終業間際，昼休みの時間帯は避ける。(3)「失礼ですが，どちら様でいらっしゃいますか」などと尋ねる。(5)用件によっては他の人が対応できる場合もある。相手に何度も電話をかけさせないためにも用件を聞き，後で名指し人に伝える。
9 (1)例いらっしゃいませ。B社の田中様でいらっしゃいますね。お待ちしておりました。
(2)例どうぞおかけください。ただいま山本が参ります。少々お待ちくださいませ。
(3)①

2章 ビジネスとコミュニケーション
3節 情報の入手と活用

要点整理 p.18〜19

①情報 ②信頼 ③インターネット ④個人情報
⑤プライバシー ⑥知的財産権 ⑦瞬時
⑧検索機能 ⑨フォロー機能 ⑩専門性 ⑪白書
⑫新聞 ⑬公共性 ⑭同時 ⑮内部情報
⑯アンケート ⑰ビッグデータ

▶Step問題 p.19

1 (1)オ (2)イ (3)ア (4)エ (5)ウ
2 ①エ ②ウ ③ア ④イ ⑤オ

◆探究問題 p.20

【解答例】

1 政府統計の総合窓口e-Stat（https://www.e-stat.go.jp/）では，様々な統計データを調べることができる。次の(1)および(2)の問いに取り組んでみよう。

(1) 関心がある統計データを選び，データが時系列でどのように変化しているか，数値を示して第三者に説明してみよう。

取り上げた統計データ　例人口動態調査(2020)
説明
例母が生まれた1978年は出生数が*1,708,643*人で，自分が生まれた2007年は*1,089,818*人。2019年は*865,239*人で40年の間に出生数が半分になったことがわかる。40年間でほとんど前年を上回る出生数にはならなかった。

(2) 関心がある統計データを選び，性別や年代，地域などの指標を1つ選んで比較し，数値を示して第三者に説明してみよう。

(省略)

■解答のポイント

❶(1)□選択したデータが時系列でどのように変化しているか数値から読みとき，第三者に説明できたか。

❶(2)□選択したデータを，指標を用いて比較し，数値を示して第三者に説明できたか。

問題文に指示がなくても，元のデータにいつでもあたれるように，出典や年度など必要な情報は必ずメモして残しておこう！

■重要用語の確認 p.21

(1)直接的コミュニケーション
(2)フォーマルコミュニケーション
(3)ノンバーバルコミュニケーション　(4)復唱
(5)ビジネスマナー　(6)身だしなみ　(7)会釈
(8)普通礼(敬礼)　(9)最敬礼　(10)尊敬語　(11)謙譲語
(12)丁寧語　(13)二重敬語　(14)ホスピタリティ　(15)名刺
(16)知的財産権　(17)フェイクニュース
(18)フォロー機能　(19)内部情報

3章 経済と流通の基礎
1節 経済の仕組みとビジネス

●要点整理 p.22～23

①経済主体　②家計　③企業　④政府　⑤国民経済
⑥貿易　⑦国際経済　⑧土地　⑨資本　⑩労働力
⑪生産要素　⑫希少性　⑬トレード・オフ
⑭機会費用　⑮価格　⑯供給　⑰需要　⑱均衡価格

▶Step問題 p.23～24

1 (1)土地　(2)○　(3)○　(4)下がり　(5)均衡点

2 ①**ア**　②**エ**　③**オ**　④**イ**

3 例ダイヤモンドの埋蔵量が水に比べてとても少なく，希少性が高いため。

■解答のポイント

□もともとの存在量の違いが書けているか。「欲しい人が多いから」だけでは，そもそも水はすべての人間にとって必要なものであるため，理由としては不十分である。

4 ①**ウ**　②**エ**　③**カ**　④**ア**　⑤**イ**

5 (1)需要　(2)**イ**

(3)

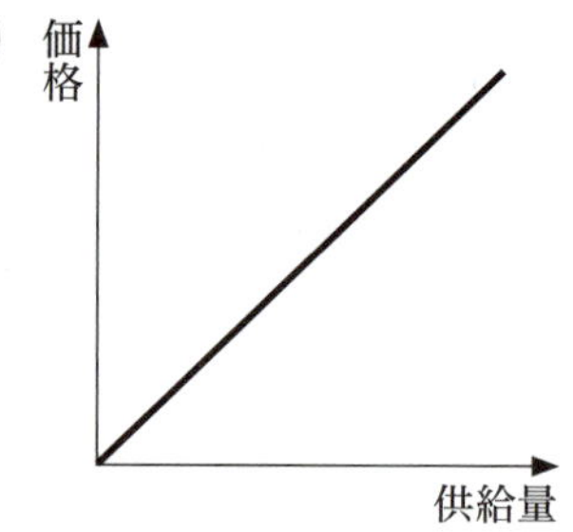

(4)均衡価格　(5)**ア**

3章 経済と流通の基礎
2節 経済活動と流通(1)

●要点整理 p.25

①分業　②物々交換　③市　④物品貨幣
⑤金属貨幣　⑥社会的分業　⑦商人

▶Step問題 p.26

1 ①**ウ**　②**オ**　③**イ**　④**ア**

2 例生産と流通を分業することで，生産者はより品質の高いものを生産することに集中することができるから。

■解答のポイント

□分業していないと，生産者は輸送や販売までも自分で行わなければならないため，効率が悪くなることが書けているとよい。

3章 経済と流通の基礎

2節 経済活動と流通(2)

要点整理 p.27〜28

①人的隔たり ②空間的隔たり ③時間的隔たり
④情報的隔たり ⑤価値的隔たり ⑥商流 ⑦物流
⑧小売業 ⑨卸売業 ⑩インターネット通販
⑪流通経路 ⑫ファーマーズ・マーケット
⑬買回品 ⑭B to C ⑮B to B ⑯中抜き
⑰POSシステム ⑱プライベート・ブランド
⑲ショールーミング ⑳O2O ㉑オムニチャネル

Step問題 p.28〜30

1 (1)人的隔たり (2)物流 (3)小売業 (4)○
(5)オムニチャネル

2 (1)**エ** (2)**ア** (3)**イ** (4)**カ** (5)**ウ**

3 (1)**イ** (2)**ウ** (3)**カ** (4)**オ** (5)**ア**

4 ①**オ** ②**ア** ③**カ** ④**イ** ⑤**ウ** (④⑤順不同)

5 (1)直接流通 (2)小売業 (3)**ウ** (4)産業用品
(5)ファーマーズ・マーケット

6 例利益率が高く，他社との差別化が図れる商品である。

■解答のポイント

□「小売業が商品企画をしてつくる独自の商品」という説明だけでは，特徴の説明としては物足りない。

7 例消費者のニーズを把握することが容易になり，品切れの防止や品ぞろえの充実に役立たせることができるから。

■解答のポイント

□POSシステムを使わない場合にくらべての利点が書けているか。

◆探究問題 p.31

〔解答例〕

1 どのような商品でショールーミングが起きやすいかを調べて書き出してみよう。

例家電製品，洋服，アクセサリー

2 インターネットの発達で実店舗は不要になるかどうか，理由も併せて考えてみよう。

例すぐに商品を利用したい場合や，送料を考えると価格が高くなる商品については，実店舗を利用することにメリットがあるため，不要にはならないと思う。

3 小売業のアプリで，「あると便利だと思う機能」を考えてみよう。

例動画による通話を利用して，店員に質問をすることができる機能。

4 これからの小売業とインターネットの関係はどうなるだろうか。自分の意見をまとめてみよう。

例インターネットで商品を購入するときは，価格，口コミなどのさまざまな情報を比較し購入する商品を選択することができるが，家族や友人と実店舗で商品を見ながら購入するものを選ぶ時間も楽しい。例えばもし，実店舗が混雑していても，気軽に店員に質問できるようなアプリが登場するなど，両方の良さを活かしながら変化していく関係になると思う。

■解答のポイント

❶□インターネット利用でも実店舗でも，購入する商品の機能や性質に違いがなく，かつインターネットを利用したほうが安く購入できる商品を書けているか。
❷□実店舗が不要になるかどうか，具体的な理由をあげて書けているか。
❸□アプリの新しい機能について考えることができているか。
❹□実店舗とインターネット利用のそれぞれの長所についてまとめ，自分の意見を書くことができているか。

■重要用語の確認 p.32

(1)経済主体　(2)生産要素　(3)トレード・オフ
(4)機会費用　(5)供給　(6)需要　(7)均衡価格
(8)人的隔たり(所有的隔たり)　(9)空間的隔たり
(10)時間的隔たり　(11)商流(商的流通)
(12)物流(物的流通)　(13)情報流　(14)小売業　(15)卸売業
(16)流通経路(流通チャネル)　(17)最寄品　(18)買回品
(19)専門品　(20)POSシステム
(21)プライベート・ブランド商品(PB商品)
(22)ナショナル・ブランド商品(NB商品)
(23)ショールーミング　(24)O2O　(25)オムニチャネル

4章 さまざまなビジネス
1節 ビジネスの種類

●要点整理 p.33~34

①有形財　②無形財　③製造業　④ブランド
⑤セレクトショップ　⑥サービス業　⑦無形性
⑧同時性　⑨不安定性　⑩おもてなし　⑪差別化
⑫サービタイゼーション

▶Step問題 p.34~35

1　(1)○　(2)○　(3)×　(4)○　(5)×

【解説】(3)シェアリング・エコノミーは，個人や企業が保有する人や物，場所，スキルなどを，インターネットを使ってマッチングさせ，ほかの個人や企業も利用可能にする経済活動のこと。製造業がサービス化することはサービスタイゼーションという。

2　(1)家事代行サービス　(2)セレクトショップ
(3)無形財　(4)おもてなし　(5)差別化

3　例個人や企業が保有する人や物，場所，スキルなどを，インターネットを使ってマッチングさせ，ほかの個人や企業も利用可能にする経済活動。

■解答のポイント

□シェアという言葉に「共有」という意味があることを理解しているか。単なる「物のレンタル」という説明だけでは不十分となる。

4　①**イ**　②**オ**　③**ウ**　④**エ**　⑤**ア**

5　(1)有形財　(2)無形財　(3)**ア**　(4)六次産業化

4章 さまざまなビジネス
2節 小売業(1)

●要点整理 p.36

①品ぞろえ　②チェーン化
③コーポレートチェーン　④ボランタリーチェーン
⑤フランチャイズチェーン　⑥ロイヤリティ

▶Step問題 p.36

1　(1)**オ**　(2)**イ**　(3)**エ**　(4)**ア**　(5)**ウ**

4章 さまざまなビジネス
2節 小売業(2)

●要点整理 p.37~38

①業種　②一般小売店　③専門店
④カテゴリーキラー　⑤製造小売　⑥SPA

⑦対面販売　⑧テナント　⑨セルフサービス
⑩生鮮三品　⑪ネットスーパー　⑫セルフレジ
⑬コンビニエンスストア　⑭ドラッグストア
⑮ホームセンター　⑯ディスカウントストア
⑰通信販売　⑱訪問販売　⑲自動販売機
⑳商業集積　㉑商店街　㉒ショッピングセンター
㉓ワンストップショッピング
㉔カスタマーエクスペリエンス

▶Step問題 p.38～40

1　(1)カテゴリーキラー　(2)○
(3)ディスカウントストア

2　①コンビニエンスストア　②総合スーパー
③百貨店　④ホームセンター
(A)**ウ**　(B)**エ**　(C)**ア**

3　(1)○　(2)×　(3)×　(4)○

【解説】(2)生鮮三品とは，青果，鮮魚，精肉のことである。(3)小売業はチャネルを増やす必要がある。

4　①**エ**　②**ウ**　③**オ**　④**ア**

5　(1)商業集積　(2)商店街
(3)ショッピングセンター　(4)**イ**　(5)**イ**
(6)ワンストップショッピング

6　例銀行ATMの設置，公共料金の支払い，行政サービスの代行，宅配便の受け取り，食事の宅配など。

■解答のポイント
□他の業態ではあまり行われていない，コンビニエンスストア独自のサービスについて書くことができているか。コンビニエンス(便利な)の名前のとおり，買い物だけではなく，生活に密着したサービスを提供していることが書けているとよい。

7　例食品スーパーとレストランを組み合わせたグローサラント，無人のコンビニエンスストア，レジがないスーパーマーケットなど。

■解答のポイント
□教科書で紹介されている新業態以外にも，新たな業態が日々登場しているので，新聞やインターネットを利用して最新の情報を手に入れ，説明できるようになることも大切である。

4章 さまざまなビジネス
3節 卸売業

● 要点整理 p.41

①取引総数最小化の原理　②産地卸　③仲継卸
④消費地卸　⑤寡占化

▶Step問題 p.41

1　(1)○　(2)消費地卸
(3)不確実性プール原理　(4)一次卸

4章 さまざまなビジネス
4節 物流業

● 要点整理 p.42

①包装　②流通加工　③荷役　④EDI　⑤運輸業
⑥倉庫業　⑦自動車　⑧船舶　⑨ライナー　⑩鉄道
⑪フレイター　⑫倉庫　⑬営業倉庫
⑭物流センター　⑮ロジスティクス

▶Step問題 p.43

1　(1)荷役　(2)○　(3)モーダルシフト　(4)○
(5)自動車輸送

2　(1)**ウ**　(2)**エ**　(3)**オ**　(4)**カ**　(5)**イ**

3　例小口で多頻度の配送が増えるなど社会的ニーズが高くなった一方，配送効率の悪化や人手不足，燃料費の上昇などの課題により，物流業界は厳しい状況に置かれている。

■解答のポイント
□インターネット通販が登場する以前は，物流業の役割は企業間の荷物の輸送が中心であったが，現在では個々の家庭に商品を届ける役割も大きくなっていることについて説明できているとよい。

4章 さまざまなビジネス
5節 金融業

● 要点整理 p.44～45

①金融　②直接金融　③間接金融　④預金業務
⑤貸出業務　⑥要求払い預金　⑦定期性預金
⑧相互扶助　⑨保険料　⑩保険金　⑪生命保険
⑫損害保険　⑬フィンテック

▶Step問題 p.45~46

1 (1)間接金融 (2)為替業務 (3)○ (4)生命保険 (5)フィンテック

2 ①保険契約者 ②保険料 ③保険者 ④保険金

3 例貸出業務で受け取る利息と，預金業務で支払う利息の差(利ざや)が，銀行の収益となる。

■解答のポイント

□近年では，利ざやだけでは十分な収益があげられないため，そのほかの業務における手数料なども収益になっていることも答えられるとよい。

4 (1)**ウ** (2)**カ** (3)**ア** (4)**エ** (5)**イ**

5 (1)①貸出業務 ②手形割引 (2)**イ** (3)**ア** (4)**ウ**

4章 さまざまなビジネス
6節 情報通信業

● 要点整理 p.47

①デジタル・トランスフォーメーション
②インターネット・サービス・プロバイダ
③民間放送 ④SaaS（Software as a Service）
⑤IoT（Internet of Things） ⑥スマート家電
⑦AI

▶Step問題 p.48

1 (1)1990年 (2)○ (3)プロバイダ (4)公共放送 (5)○

2 (1)**カ** (2)**ウ** (3)**イ** (4)**エ** (5)**ア**

3 例パッケージ版だと，一度購入されると収益はそれだけしかあげられないが，SaaSにすることで，定額制にして毎月料金収入を得ることができたり，継続的なアップデートでサービスを向上させることができる。

■解答のポイント

□ソフトウェアを利用する側も，一時に高額なソフトウェアを購入する必要がなく，利用したいと思う期間内において安い価格を定期的に支払うことで，利用しやすくなっている点があることを答えてもよい。

◆探究問題 1 p.49

【解答例】

1 日頃よく買い物に行く店舗の業態を書き出してみよう。

例コンビニエンスストア，スーパーマーケット

2 よく買い物に行く店舗の業態で，不満な点や改善した方が良い点を考えてみよう。

例コンビニエンスストアは商品の値段が高く，スーパーマーケットは行った日や時間帯によって，商品の鮮度が異なる。

3 どのようにすれば，上記の不満な点や改善したほうが良い点を解決できるか考えてみよう。

例コンビニエンスストアは，消費期限が長いものなどについては多めに仕入れ，仕入れ原価を安くする。スーパーマーケットは，市場が休みの日の前日に仕入れるなどして商品の鮮度をできるだけ保てるようにする。

4 今後，どのような新しい業態の店舗が登場すれば良いと思うか，上記で考えたことをもとにしてまとめてみよう。

例店頭購入できるだけではなく，24時間いつでもネットから注文できて，すぐに新鮮な食材を宅配してくれるようなコンビニエンスストアと，スーパーマーケットの両方の利点を活かした業態の店舗。

■解答のポイント

❶□自分にとって身近な業態の店舗を書き出すことができているか。

❷□コンビニエンスストアでは，あまり安売りがされていない，総合スーパーではレジを通るのに時間がかかる，など具体的な点について考えることができているか。

❸□「安売りがされていないので，安売りをすればよい」などという単純な解答ではなく，「近隣の店舗と協力して大量に仕入れることで仕入原価を安くする」など，より具体的な方法について考えることができているか。

❹□実現が可能かどうかにはあまりこだわらずに，自由な発想で，これからの業態について考えることができていることが望ましい。

◆探究問題 2 p.50

［解答例］

❶ 現在，スマート家電にはどのようなものがあるか。また，どのように便利になっているのか調べよう。

例洗濯機，冷蔵庫などがある。それぞれインターネットとつながることで，洗濯機が洗濯終了をメールで知らせてくれたり，冷蔵庫がレシピを調べてくれたりする。

❷ スマート家電が私たちの生活に与えている影響を考えてみよう。

例自宅にいなくても操作ができることで，電気を消し忘れても切ることができて省エネにつながったり，自宅で待機していなくても洗濯機が終了を知らせてくれるので時間を有効活用できたり，冷蔵庫にレシピがついているのでレシピ本を買うお金が節約できたりする。

❸ スマート家電に欠点や弱点はないか考えてみよう。

例便利な分，普通の商品よりも高く，操作方法も覚える必要がある。また，インターネットに接続されているので，個人情報が漏洩する可能性がある。

❹ これからのスマート家電はどのように変化していくだろうか。より便利になる使い方や，気を付けなければならない点などをまとめてみよう。

例スマート家電が手頃な値段でも購入できるように本当に必要な機能を選択しカスタマイズして購入できるようになると良いと思う。便利だからと何でもスマート家電にするのではなく，どんな機能が自分の生活に必要なのかをしっかり考えることや，セキュリティについてきちんと学習することも必要だと思う。

■解答のポイント

❶□家電製品が，インターネットとつながることでどのように便利になっているかという点についても書かれていること。

❷□単に「便利になった」という点だけではなく，私たちの生活に与えてる影響について，具体的に幅広く考えられているか。

❸□インターネットと接続されていることによるデメリットや，不必要な機能により製品価格が上昇してしまうおそれなどについて幅広く考えることができているか。

❹□あったらいいなと思える機能や，❸の欠点などに対処する方法など，スマート家電の今後について，さまざまな視点からの考え方が書かれていることが望ましい。

■重要用語の確認 1 p.51

(1)六次産業化　(2)製造業　(3)ブランド
(4)シェアリング・エコノミー
(5)サービタイゼーション　(6)チェーン化
(7)コーポレートチェーン(レギュラーチェーン，チェーンストア)　(8)ボランタリーチェーン
(9)フランチャイズチェーン　(10)専門店
(11)カテゴリーキラー　(12)製造小売
(13)百貨店(デパート)　(14)総合スーパー
(15)スーパーマーケット　(16)セルフレジ
(17)コンビニエンスストア　(18)ドラッグストア
(19)ホームセンター　(20)ディスカウントストア

■重要用語の確認 2 p.52

(1)訪問販売　(2)自動販売機による販売
(3)商業集積　(4)商店街
(5)ショッピングセンター（ショッピングモール）
(6)カスタマーエクスペリエンス
(7)取引総数最小化の原理　(8)不確実性プール原理
(9)一次卸　(10)二次卸　(11)産地卸　(12)仲継卸
(13)消費地卸　(14)包装　(15)荷役　(16)流通加工
(17)運輸業　(18)倉庫業　(19)モーダルシフト
(20)ロジスティクス
(21)サプライ・チェーン・マネジメント(SCM)

■重要用語の確認 3 p.53

(1)金融　(2)金融業　(3)直接金融　(4)間接金融
(5)預金業務(受信業務)　(6)貸出業務(与信業務)
(7)利ざや　(8)為替業務　(9)保険者
(10)保険契約者(加入者)　(11)被保険者　(12)普通保険
(13)政策保険(公保険)　(14)生命保険
(15)損害保険　(16)フィンテック
(17)デジタル・トランスフォーメーション
(18)AI（人工知能）　(19)スマート家電

5章 企業活動の基礎
1節 ビジネスと企業(1)

要点整理 p.54〜55

①付加価値 ②イノベーション ③経営
④経営資源 ⑤ヒト ⑥生産 ⑦カネ ⑧知的財産
⑨株式会社 ⑩株主総会 ⑪取締役会 ⑫監査役
⑬執行役員 ⑭出資と経営 ⑮企業倫理
⑯コンプライアンス ⑰企業の社会的責任
⑱コーポレート・ガバナンス

Step問題 p.55

1 (1)私企業 (2)○ (3)持分会社 (4)○
(5)社会的責任 (6)○

2 (1)株式 (2)有限責任

3 A：100万円，B：50万円，C：80万円，
全体：230万円

【解説】Aは小麦を生産し，それを100万円でBに売ったからAが生み出した付加価値は100万円である。BはAから100万円で仕入れた小麦を製粉加工してそれを150万円でCに売ったのでBが生み出した付加価値は50万円(＝150万円−100万円)である。CはBから150万円で仕入れた製粉を製造加工して作ったパンをDに230万円で売ったのでCが生み出した付加価値は80万円(＝230万円−150万円)である。A・B・Cが生み出した付加価値の合計は230万円(＝100万円＋50万円＋80万円)となり，最終販売価格(CからDへの販売価格)と一致する。

5章 企業活動の基礎
1節 ビジネスと企業(2)

要点整理 p.56

①職能別組織 ②事業部制組織 ③意思決定
④モチベーション ⑤競争戦略 ⑥全社戦略
⑦競争優位 ⑧ブランド ⑨ビジネス・モデル
⑩サブスクリプション ⑪プロジェクト
⑫プロジェクト・マネジメント

Step問題 p.57

1 (1)リーダーシップ (2)内発的動機付け
(3)経営理念 (4)○ (5)○ (6)競争戦略

2 ①ウ ②ア ③イ

3 例1 給料が上がる。例2 賞をもらう。

解答のポイント
□外部からの報酬であることが書けているか。

5章 企業活動の基礎
2節 マーケティングの重要性

要点整理 p.58

①マーケティング ②消費者ニーズ ③顧客満足
④市場分析 ⑤マーケティング・ミックス

Step問題 p.58

1 (1)プロモーション政策 (2)顧客満足(度)
(3)製品政策 (4)○

5章 企業活動の基礎
3節 資金調達

要点整理 p.59

①運転 ②設備 ③社債 ④株式 ⑤投資家
⑥説明責任 ⑦返済責任 ⑧受託責任 ⑨会計責任
⑩財務諸表

Step問題 p.60

1 (1)○ (2)インカムゲイン
(3)クラウドファンディング (4)説明責任

2 ①ア ②イ ③ア

3 例株式会社には，株主から受託した金銭などを適切に管理，保全，運用するという受託責任と，その管理，保全，運用の状況と結果を株主などに説明する会計責任がある。

解答のポイント
□受託責任,会計責任という語が入っていること。

5章 企業活動の基礎
4節 財務諸表の役割

要点整理 p.61

①財務諸表 ②利害関係者 ③監査 ④株主
⑤利害調整 ⑥投資意思決定情報

Step問題 p.61

1 (1)利害関係者 (2)○

2 例株主への配当が過大に行われると，株主は多額の配当金を得られるが会社の財産の多くが外部に流出するため，債権者への返済が行われにくくなる。そのため，株主は多額の配当金を望むが，債権者は望まないという利害の対立が生じる。

解答のポイント
□過大配当は債権者への返済を妨げるということが書いてあればよい。

5章 企業活動の基礎
5節 企業活動と税

要点整理 p.62

①地方税　②法人税　③消費税　④利益
⑤申告納税　⑥賦課課税

Step問題 p.62

1 (1)間接税　(2)申告納税方式

2 (1)*1,000*　(2)*1,000*　(3)*2,000*　(4)*1,000*
(5)*3,000*　(6)*1,000*

5章 企業活動の基礎
6節 雇用

要点整理 p.63~64

①雇用　②失業率　③超高齢社会　④正社員
⑤終身雇用　⑥リストラ　⑦非正規　⑧年功序列型
⑨職務給　⑩成果主義　⑪企業別　⑫非正規
⑬契約　⑭アルバイト・パートタイム労働者
⑮派遣　⑯福利厚生　⑰ワークライフバランス
⑱多様性

Step問題 p.64~65

1 (1)非正規雇用　(2)○　(3)労働組合法　(4)○
(5)同一労働同一賃金　(6)テレワーク

2 ①イ　②ア　③ウ

3 例非正規雇用は，企業の業績が良いときは雇いやすく，業績が悪ければ人員整理しやすいことと，正社員に比べ，一般に賃金が安いので人件費の抑制ができるから。

解答のポイント

□人員整理しやすいことと賃金が安いことの二点について書くことができたか。

◆探究問題 1 p.66

〔解答例〕

1 経営資源の一つである「ヒト」とは人材を意味する。(1)この人材であるヒトを「上手に運用する」とは，どういう意味か，あなたの直感で答えてみよう。また，(2)新入社員を人材として育てるためにはどうしたらよいか考えてみよう。

(1)例その人が能力を発揮できるように適所適材に配置し，組織を通じて能力を引き出すようにする。
(2)例教育や訓練におカネをかける。

2 経営資源の一つである「モノ」とは原材料や設備，機械などを意味する。経営資源の「モノ」には「希少性」があるため，これを「上手に運用する」ことは重要な課題である。しかし，「上手に運用する」だけでなく，特に機械や設備などについては，経営資源としてのその価値を飛躍的に高める方法がある。(1)それは何かを述べ，(2)その方法が近年，採用されることが少ない理由を考えてみよう。

(1)例最新の性能を備える機械や設備などへの投資や技術開発投資
(2)例1990年代後半からの長引くデフレやいくつかの経済危機(リーマンショック・新型コロナなど)により，経営者の投資意欲が減退したため。

3 経営資源と生産要素は重なる部分が多いが，経営資源の一つである「カネ」が生産要素のなかにないのはなぜか。その理由を考えてみよう。

例生産することだけを考えた場合，カネは不要なため，生産要素に入らない。他方，企業の経営は資金調達で得たカネをもとに行われ，しかも，継続しなければならない。モノやサービスの生産を継続して行うために，カネが経営資源の一つとなる。

4 経営資源の一つである「情報」には独自の技術や特許などの知的財産が含まれるが，新しい技術や許可を得るためにはどういうことをする必要があるか考えてみよう。

例多額の研究開発費をつぎ込んで新しい技術や特許を開発する。あるいは，新しい技術や特許を生み出しそうな企業を買収する。他社から優秀な人材を引き抜く。

解答のポイント

❶(1)□直感で答えなさいという問題の指示があるので，明らかに間違っていなければよい。
❶(2)□教育，訓練，研修などヒトの育成には教育投資が必要である旨が書けているか。
❷(1)□投資ということが書けているか。
❷(2)□経済状況が不調なため投資してこなかった旨が書けているか。
❸□企業経営の継続ということが書けているか。
❹□ベストアンサーは，自社の研究開発投資だが，買収や引き抜きでも構わない。ただし，技術を盗むという解答は0点とする。

◆探究問題 2 p.67

【解答例】

❶ 非正規雇用の一つである「派遣社員」の増加のプロセスは，派遣労働者に対する労働規制の緩和に関連しています。1980年代から今日までの派遣労働の規制緩和のプロセスを調べてみよう。

（省略）

❷ p.64のグラフにあるとおり，正社員の割合が減り，非正規の労働者の割合が増えている理由を，1990年代後半から今日までの社会情勢を踏まえて考えてみよう。

（省略）

❸ 教科書p.136のコラムでは，「高齢者の積極雇用」の現状を紹介しています。高年齢者雇用安定法のおかげで高齢者でも働ける機会が増えたことがわかるが，なぜ高年齢者雇用安定法を定めてまで高齢者を積極雇用する必要があるのか，その理由を考えてみよう。

（省略）

❹ 次の⑴，⑵を調べ，そこからどんなことがわかるかを書いてみよう。

⑴ 1990年代後半からの平均賃金の推移

（省略）

⑵ 2012年からの正規・非正規雇用の民間給与の平均

（省略）

■解答のポイント

❶□指示された内容を調べているか。

❷□1990年代後半から今日までの社会情勢を踏まえた理由が書けているか。

❸□少子高齢化に伴い，労働力が減少すると経済成長の伸びが低下する(教科書p.32)など，ビジネス基礎で学習した具体的理由があげられているとよい。

❹□指示された内容を調べるだけでなく，どんなことがわかるかまで書けているか。

■重要用語の確認 1 p.68

⑴企業 ⑵付加価値 ⑶イノベーション
⑷経営資源 ⑸私企業 ⑹営利企業 ⑺法人
⑻株式会社 ⑼株主 ⑽定款 ⑾株主総会
⑿取締役会 ⒀監査役 ⒁出資と経営の分離
⒂持分会社 ⒃協同組合 ⒄無限責任 ⒅有限責任
⒆企業倫理 ⒇ステークホルダー（利害関係者）
㉑コンプライアンス

■重要用語の確認 2 p.69

⑴コーポレート・ガバナンス
⑵職能別組織(機能別組織) ⑶事業部制組織
⑷リーダーシップ ⑸経営理念
⑹モチベーション ⑺ビジネス・モデル
⑻サブスクリプション ⑼PDCAサイクル
⑽マーケティング
⑾マーケティング・ミックス(４P政策)
⑿運転資金 ⒀設備資金 ⒁株式公開
⒂法人税 ⒃消費税 ⒄申告納税方式
⒅賦課課税方式

■重要用語の確認 3 p.70

⑴失業率(完全失業率) ⑵超高齢社会 ⑶終身雇用
⑷リストラ ⑸職能 ⑹年功序列型賃金制度
⑺成果主義賃金制度 ⑻労働組合 ⑼契約社員
⑽アルバイト・パートタイム労働者
⑾派遣社員 ⑿福利厚生制度
⒀ワークライフバランス ⒁ダイバーシティ
⒂テレワーク

6章 ビジネスと売買取引
1節 売買取引の手順

要点整理 p.71〜72

①売買契約　②履行　③銘柄　④度量衡　⑤建
⑥建値　⑦現場渡し　⑧後払い　⑨前払い
⑩見積もり　⑪見積依頼書　⑫見積書　⑬注文書
⑭注文請書　⑮納品書(送り状)
⑯物品受領書(商品受取書)　⑰請求書
⑱領収証(領収書)

▶Step問題 p.72〜73

1 (1)本船渡し価格　(2)注文請書　(3)検収
(4)○　(5)領収証　(6)○　(7)分割払い　(8)○

2 ③注文書　⑥納品書　⑧請求書　⑩領収証

3 例買い手の買いたいという「申し込み」と売り手の売りますという「承諾」が合致した時点で売買契約が成立する。

■解答のポイント

□申し込みと承諾の合致が書いてあること。

6章 ビジネスと売買取引
2節 代金決済

要点整理 p.74

①日本銀行券(紙幣)　②強制通用力　③当座預金
④約束　⑤銀行振込　⑥口座振替　⑦クレジット
⑧電子マネー　⑨コード　⑩QR

▶Step問題 p.75

1 (1)裏書き　(2)○　(3)線引　(4)口座振替
(5)10日　(6)20

2 (1)イ　(2)ウ　(3)ア

3 例出納に手間がかからず，紙幣の数え間違いもないこと，多額の紙幣の保管に伴う危険や手間が省けること，紛失や盗難にあった場合も被害の拡大を防ぎやすいこと，すぐに現金化できることなど。

■解答のポイント

□上記にあげた利点のうち二つ以上書けているか。

◆探究問題 p.76

【解答例】

1 インターネットを利用する場合，見積依頼書と見積書はどのようにやり取りされているのか，事例を調べよう。その際，自分が調べた事例の業種と規模なども記録しておこう。

(省略)

2 インターネットを利用する場合，注文書と注文請書はどのようにやり取りされているのか，事例を調べよう。その際，自分が調べた事例の業種と規模なども記録しておこう。

(省略)

3 インターネットを利用する場合，納品書と物品受領書はどのようにやり取りされているのか，事例を調べよう。その際，自分が調べた事例の業種と規模なども記録しておこう。

(省略)

4 インターネットを利用する場合，請求書と領収証はどのようにやり取りされているのか，事例を調べよう。その際，自分が調べた事例の業種と規模なども記録しておこう。

(省略)

■解答のポイント

□指示された内容を調べているか。

■重要用語の確認 p.77

(1)売買契約の締結　(2)売買契約の履行　(3)建
(4)建値　(5)見積もり　(6)検収　(7)強制通用力
(8)小切手　(9)不渡り　(10)自行あて小切手
(11)線引小切手　(12)約束手形　(13)裏書き　(14)銀行振込
(15)口座振替　(16)キャッシュレス決済

7章 ビジネス計算
1節 ビジネス計算の基礎

要点整理 p.78

①300 ②1,000 ③0.3 ④30% ⑤150,000
⑥0.4 ⑦210,000 ⑧¥210,000 ⑨8,000 ⑩10
⑪300 ⑫240,000 ⑬¥240,000 ⑭400,000
⑮20,000 ⑯420,000 ⑰¥420,000 ⑱600,000
⑲0.1 ⑳60,000 ㉑540,000 ㉒¥540,000

▶Step問題 p.79〜80

1 (1)25 (2)○ (3)3,600 (4)464,000 (5)21,600

2 (1)¥817,800 (2)¥136,800 (3)920冊 (4)¥620,000 (5)¥56,760 (6)¥3,920

3 (1)B (2)A (3)B (4)A (5)A

4 (1)¥328,000 (2)¥226,000 (3)¥48,960 (4)¥4,000 (5)8% (6)¥287,040

5 例1,000円未満では，1,000円ちょうどは含まれず，1,000円より小さい額があてはまる。1,000円以上および以下では，どちらも1,000円ちょうどを含み，それぞれ1,000円より大きい額および小さい額があてはまる。

■解答のポイント

□1,000円未満が999円以下と同じ意味ではないことに注意する。999.99円なども考えることができるからである。

7章 ビジネス計算
2節 ビジネス計算の応用

要点整理 p.81〜82

①200 ②0.9144 ③182.88 ④183m
⑤752.50 ⑥108.20 ⑦81,420.5 ⑧¥81,421
⑨500,000 ⑩0.04 ⑪6 ⑫10,000 ⑬510,000
⑭¥510,000 ⑮1,000,000 ⑯0.04 ⑰3
⑱1,124,864 ⑲¥1,124,864 ⑳25 ㉑5 ㉒31
㉓28 ㉔64 ㉕64 ㉖61 ㉗5,800,000
㉘0.076 ㉙73,667 ㉚5,726,333
㉛¥5,726,333 ㉜1,000,000 ㉝0.05 ㉞3
㉟863,838 ㊱¥863,838 ㊲1,200
㊳10,000 ㊴12,000,000 ㊵0.0015 ㊶4,860
㊷22,860 ㊸12,022,860 ㊹¥12,022,860
㊺3.50 ㊻286 ㊼0.0122 ㊽1.2% ㊾6.50
㊿0.023 51 282.6 52 ¥282

▶Step問題 p.83〜85

1 (1)○ (2)10 (3)○ (4)39 (5)45

2 (1)525yd (2)¥7,863 (3)¥4,420 (4)¥332,320 (5)¥16,200 (6)¥844,959

3 (1)○ (2)× (3)○ (4)× (5)○

4 (1)19cm (2)$240.85 (3)¥112,550 (4)¥9,090 (5)¥533,398 (6)¥273

5 例1期末…¥100,000，2期末…1期目の¥100,000に¥5,000の利息が加算されるので，¥100,000＋¥5,000＋¥100,000＝¥205,000，3期末…1期目の¥100,000と2期目の¥105,000の合計額に¥10,250の利息が加算されるので，¥100,000＋¥105,000＋¥10,250＋¥100,000＝¥315,250。

■解答のポイント

□複利なので，元金だけでなく利息に対しても，新たな利息を計算することを忘れていないか。

6 (1)¥94,233 (2)¥277,367 (3)¥419,810

7 (1)¥3,608,650 (2)1.2% (3)¥267 (4)¥479,000 (5)5.670%

◆探究問題 p.86

【解答例】

❶「余裕資金」とはどのような意味か調べてみよう。

例自分が持っている資産のうち，生活や万一のときに備えて残しておくお金を差し引いた資金で，当面使う予定がなく，減ってしまっても生活に影響を与えないお金のこと。

❷個人の余裕資金を活用するにはどのような方法があるか調べてみよう。

例銀行への預金(普通預金，定期預金)，株式や国債，社債などを購入することによる投資，金の購入など。

❸預金や投資など，年利率で表示されている余裕資金を増やす方法を調べ，例えば100万円を３年間，その方法に使うとしたら，結果はどうなるか求めてみよう。

(省略)

❹自分のライフスタイルについて考え，将来の余裕資金の活用方法についてどうしたいか考えてみよう。

(省略)

■解答のポイント

❶□解答例のような内容が書けているか。

❷□一つではなく，さまざまな方法が書けているか。

❸□預金の場合は複利で計算できているか。投資の場合はあくまでも現時点の見込みであるので，その後の値上がりや値下がりで結果が変わることも確認できているか。

❹□ハイリスク・ハイリターンを好ましく思う人もいれば，そうでない人もいると考えられる。自分の目指す将来の人生像と合わせて，意見が書けているか。

■重要用語の確認 p.87

(1)割合　(2)仕入諸掛　(3)仕入原価　(4)予定売価　(5)値入れ　(6)見込利益率　(7)値引率　(8)実売価　(9)利益額(損失額)　(10)換算　(11)利息　(12)単利　(13)複利　(14)複利終価　(15)片落とし　(16)両端入れ　(17)割引料　(18)手取金　(19)積立金(年金)　(20)複利年金終価　(21)約定値段　(22)利回り　(23)指値　(24)経過利子

8章 身近な地域のビジネス
1節 さまざまな地域の魅力と課題

●要点整理 p.88〜89

①人口 ②高齢 ③一極集中 ④弱者
⑤ライドシェア ⑥事業承継 ⑦地方創生
⑧地域ブランディング ⑨観光地 ⑩DMO
⑪インバウンド ⑫サービス

▶Step問題 p.89

1 (1)ライドシェア (2)地方創生
(3)地域ブランディング (4)○ (5)観光地経営
(6)○

2 ウ

8章 身近な地域のビジネス
2節 地域ビジネスの動向

●要点整理 p.90

①第三 ②観光 ③地域通貨 ④出資
⑤スポーツクラブ ⑥スポンサーシップ
⑦コミュニティ・ビジネス ⑧リノベーション
⑨伝統 ⑩ニーズ ⑪イノベーション

▶Step問題 p.91

1 (1)コミュニティ・ビジネス (2)リノベーション
(3)○ (4)公私合同企業 (5)○
(6)イノベーション

2 [動向] 例練馬産ぶどうを使用した高品質な「地域ブランドワイン」の開発
[魅力] 例23区最大の農地を誇り練馬区を「食農文化」のまちとしてアピール。

■解答のポイント

□上記の解答例のほか，地域の外の人に魅力的に映るものならなんでも利用できる。

◆探究問題 p.92

【解答例】

1 都道府県別人口増減率を調べ，人口減少率の高い上位10の都道府県を書き出してみよう。なお，調べた年度を明記すること。

（省略）

2 都道府県別出生率を調べ，東京圏の一都三県の出生率と全国平均とを比較して，どんなことが言えるか考えてみよう。その際，1の調査結果も加味しなさい。なお，調べた年度を明記すること。

例東京圏の一都三県の出生率は，いずれも全国平均を下回っている。しかし，上記1で人口は増加している。出生率は低いのに人口が増加しているのは，東京圏以外からの人口流入が多いからであると推察できる。

3 都道府県別の企業数(会社の数)を調べ，数が多い上位10の都道府県と数が少ない下位10の都道府県を書き出し，どんなことがいえるか考えてみよう。なお，調べた年度を明記すること。

（省略）

4 人口減少が進むある地方都市に，3つの路線を持つバス会社があった。あなたは，そのバス会社の経営者として，次の課題にどのように対処すれば良いか考えてみよう。

課題 3つの路線の年間利益は，A路線が10億円，B路線が1億円，C路線が5億円の赤字である。「C路線を廃止すべき」という意見が多いが，この路線がなくなると通勤・通学が不便になったり，買い物弱者が生まれたりすることは確実である。

例地域のためにC路線を廃止せず，A路線の利益の一部をC路線に回し，現状を維持する。それが公共交通機関であるバス会社の社会的責任であるから。

■解答のポイント

❶□年度及び上位と下位の10がそれぞれ記されていること。
❷□東京圏の一都三県の出生率が全国平均を下回っていることが書けているか。
❸□年度及び上位と下位の10がそれぞれ記されていること。
❹□もちろん，C路線を廃止するという意思決定をしてもよいし，C路線を縮小して存続させるなどがあってもよい。その場合の根拠として，ビジネス基礎で学んだ用語が使われているとよい。

■重要用語の確認 p.93

(1)東京圏 (2)買い物弱者 (3)ライドシェア
(4)地方創生 (5)地域ブランディング (6)DMO
(7)オーバーツーリズム (8)インバウンド消費
(9)観光列車 (10)地域通貨
(11)コミュニティ・ビジネス
(12)リノベーション (13)産業観光

また，すでに存在している情報だけでは不明なことを新たに調べる場合には，（⑯　　　　　　　　）などの市場調査を実施する。

3 情報の活用

教科書 p.56

Check!

入手した情報を目的に合わせて活用したいときは，分析して，その結果を客観的に表現することが大切である。今日のビジネスでは，（⑰　　　　　　　　）と呼ばれる，形式が多種多様で膨大なデータを活用することが注目されている。

▶Step 問題

正答数　　／10問

1 次の(1)〜(5)は情報入手の留意点について書かれたものである。それぞれの留意点にあてはまる情報源を下のア〜オの中から一つずつ選び，記号で答えなさい。

(1) 特定の情報内容を指定して入手することが難しい。

(2) 情報の鮮度を見極める必要がある。

(3) 誰でも発信できるので，情報の正確性について見極める必要がある。

(4) 記事の書き方に偏りがないか見極める必要がある。

(5) ある目的のもと行っている調査なので，その目的を理解して資料をみる必要がある。

ア インターネット　**イ** 書籍，雑誌　**ウ** 白書　**エ** 新聞

オ テレビ，ラジオ

(1)		(2)		(3)		(4)		(5)	

2 下の表は「情報源の主な特徴」についてまとめたものである。①〜⑤にあてはまる語句を，下のア〜オの中から一つずつ選び，記号で答えなさい。

情報源	主な特徴	
インターネット	①	情報発信のスピードが速く，最新の情報を入手できる。
書籍，雑誌	②	あるテーマについて詳しく知りたいときは，効率的に情報を入手できる。
白書	③	一つのテーマについて時系列でデータを把握することができる。
新聞	④	多くの人に継続的に購読されており，社会全体の動きをみるのに便利である。
テレビ，ラジオ	⑤	大勢の人が同時に同じ情報を得ることができる。

ア 継続性　**イ** 公共性　**ウ** 専門性　**エ** 速報性　**オ** 同時性

◆探究問題

●参照：p.52〜53／1 情報の重要性と扱う際の注意点　p.56／3 情報の活用

1 政府統計の総合窓口e-Stat(https://www.e-stat.go.jp/)では，様々な統計データを調べることができる。次の⑴および⑵の問いに取り組んでみよう。

⑴ 関心がある統計データを選び，データが時系列でどのように変化しているか，数値を示して第三者に説明してみよう。

取り上げた統計データ

説明

⑵ 関心がある統計データを選び，性別や年代，地域などの指標を１つ選んで比較し，数値を示して第三者に説明してみよう。

取り上げた統計データ

説明

■重要用語の確認

正答数　1回目　／19問　2回目　／19問

次の(1)〜(19)にあてはまる用語を書きなさい。

1回目 □ 2回目 □ (1) 人と人とが面と向かい直接的に行うコミュニケーション。（　　　）

□□ (2) 会社での会議や打ち合わせなど公式な場面で行うコミュニケーション。（　　　）

□□ (3) 身ぶりや手ぶり，表情や態度など非言語で行うコミュニケーション。（　　　）

□□ (4) 話している相手が言っていることの要点を声に出して確認すること。（　　　）

□□ (5) 仕事の場面における共通のマナー。（　　　）

□□ (6) 相手に不快感を与えないように，自分の服装や髪形などの外見を整えること。（　　　）

□□ (7) 廊下などですれ違うときや部屋の入退室などのときに行われるお辞儀。（　　　）

□□ (8) お客の送迎や訪問先で挨拶をするときなどに，上体を30°傾けて行うお辞儀。（　　　）

□□ (9) 深い感謝や謝罪をするとき，式典や訪問先から退社するときなどにするお辞儀。（　　　）

□□ (10) 相手の動作を高めることで敬意を表す敬語。（　　　）

□□ (11) 自分や身内側の動作をへりくだって表現することで，間接的に相手を高めて敬意を表す敬語。（　　　）

□□ (12) 「です」「ます」をつけて丁寧に言うことで相手への敬意を表す敬語。（　　　）

□□ (13) 一つの語に同じ種類の敬語を二重に使ったもの。（　　　）

□□ (14) 相手の役に立つように気を配り，必要なことに気づき，言葉に出して相手に伝えたり，行動したりすること。（　　　）

□□ (15) 名前や会社名，電話番号，メールアドレスなどが記されているビジネスアイテム。（　　　）

□□ (16) 著作権や特許権など，情報を守るための権利のこと。（　　　）

□□ (17) 本物のように偽った虚偽のニュース。（　　　）

□□ (18) キーワードやトピックなどを登録しておくと最新記事を自動で収集し，過去にさかのぼって読むことができる機能。（　　　）

□□ (19) 外部からは入手することができない，企業内に蓄積された情報。（　　　）

▲アプリはこちらから

アプリでほかの問題にもチャレンジしてみよう！

1節 経済の仕組みとビジネス

教科書 p.58〜64

要点整理

正答数 ／18問

教科書の内容についてまとめた次の文章の（　　）にあてはまる語句を書きなさい。

1 経済の主体とその活動

教科書 p.58〜59

Check!

生産，流通，消費といった経済活動を行う主体を，（①　　　　）という。

私たちの家庭を，消費を行う（①）としてとらえたものを（②　　　　）といい，主に生産，流通を行う（①）を（③　　　　）という。また，国や地方公共団体を（①）としてとらえたものを（④　　　　）という。この三つの（①）が，それぞれの経済活動を行いたがいに結びつくことで，国の経済が成り立つ。

この経済の仕組みを一つの国でとらえたものを（⑤　　　　）といい，ほかの国々との（⑥　　　　）などの結びつきを含めた経済を（⑦　　　　）という。

2 生産要素と希少性

教科書 p.60〜61

Check!

経済主体の一つである企業が商品を生産するためには，土地や農地のほか水など天然資源全般をさす「（⑧　　　　）」，工場，部品，機械，道具などの「（⑨　　　　）」，そして従業員などの「（⑩　　　　）」が必要となる。生産に必要な「（⑧）」，「（⑨）」，「（⑩）」を（⑪　　　　）という。

（⑪）には限りがあるため，消費者の欲しがるすべての商品を生産するのに十分な（⑪）がないことを，（⑪）の（⑫　　　　）という。

3 トレード・オフと機会費用

教科書 p.62

Check!

生産要素の希少性を考慮して，企業はさまざまな選択をしている。

選択をする際に，どちらか一方を選択すれば，もう一方をあきらめなければならない状態を，（⑬　　　　）という。また，（⑬）によってあきらめなければならない価値を，（⑭　　　　）という。

4 価格の決定と変動の仕組み

教科書 p.63〜64

Check!

私たちが普段お金を出して購入する商品には，希少性がある。そのため，より欲しい気持ちが強い人がその商品を購入できるように，（⑮　　　　）をつけて取引が行われている。

（⑮）が高くなれば，より多くの企業が商品を売ろうとする。この気持ちのことを（⑯　　　　）という。一方，（⑮）が安くなれば，より多くの人が商品を買おうとする。この気持ちのことを（⑰　　　　）という。（⑯）量と（⑰）量は価格によって増減し，最終的に(⑯)量と(⑰)量が一致する価格である(⑱　　　　　　)で商品の取引が成立する。

▶Step問題

正答数　　／20問

1 次の各文の下線部が正しい場合は○を，誤っている場合は正しい語句を書きなさい。

(1) 生産に必要な「<u>自然</u>」，「資本」，「労働力」を生産要素という。

(2) 選択について考えるときに，どちらか一方を選択すれば，もう一方をあきらめなければならない状態を，<u>トレード・オフ</u>という。

(3) 価格が<u>高く</u>なるほど供給量は増える。

(4) 価格と需要量の関係をあらわす需要曲線は，右<u>上がり</u>の曲線となる。

(5) 需要曲線と供給曲線が交わる点を<u>平均点</u>という。

(1)		(2)		(3)	
(4)		(5)			

2 下の図は「経済の主体とその活動」についてあらわしたものである。①〜④にあてはまる語句を，下のア〜オの中から一つずつ選び，記号で答えなさい。

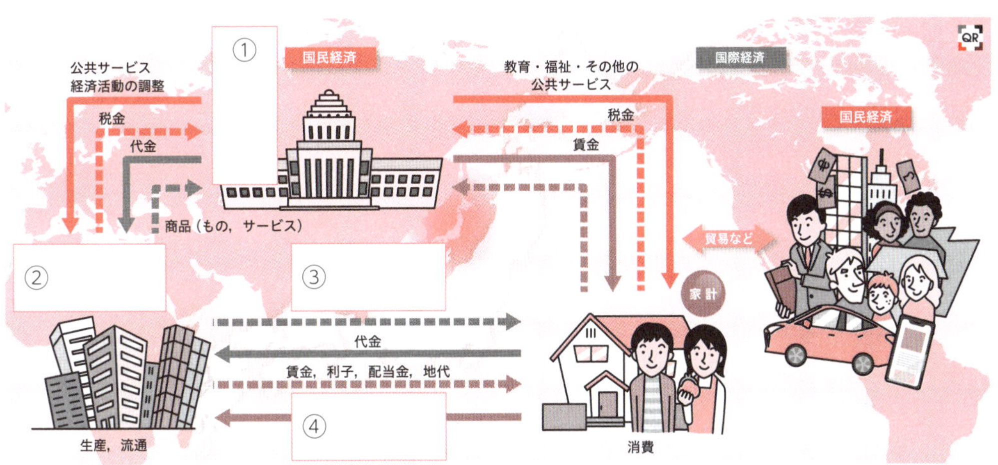

ア　政府　　イ　労働力，資金，土地　　ウ　税金　　エ　企業

オ　商品(もの，サービス)

3 水と比べてダイヤモンドの価格が高い理由を説明しなさい。

4 **次の文章の（①）〜（⑤）にあてはまる語句を，下のア〜カの中から一つずつ選び，記号で答えなさい。**

国の経済は，（①），企業，政府という三つの（②）が，それぞれの経済活動を行い，たがいに結びつくことで成り立っている。この経済の仕組みを一つの国でとらえたものが（③）である。一国の経済はほかの国々との（④）などによっても支えられている。ほかの国々との結びつきも含めた経済が（⑤）である。

ア 貿易　**イ** 国際経済　**ウ** 家計　**エ** 経済主体　**オ** 地方公共団体
カ 国民経済

①	②	③	④	⑤

5 **次の文章を読み，あとの問いに答えなさい。**

企業が商品を売りたいと思う欲求を供給といい，消費者が商品を買いたいと思う欲求を（①）という。一般的に，価格が安くなるほど供給量は減り，価格が高くなるほど供給量は増える。これをグラフで描いたものを(a)供給曲線という。一方，価格が安くなるほど（①）量は増え，価格が高くなるほど（①）量は減る。これをグラフで描いたものを（①）曲線という。このように，供給量と（①）量は価格によって増減する。そして，最終的に(b)供給量と（①）量が一致する価格で商品の取引が成立する。

また，供給曲線が移動する場合についても考えてみよう。例えば，天候不順によって野菜の収穫量が減ったとすると，すべての価格について供給できる量は少なくなる。すると，供給曲線は（②）にシフトすることになるため，（①）量が一定ならば，価格は（③）することになる。

(1)　（①）にあてはまる語句を書きなさい。

(2)　（②）にあてはまる語句を，次の**ア**〜**イ**の中から一つ選び，記号で答えなさい。

ア 右　**イ** 左

(3)　下線部(a)の供給曲線を解答欄に図示しなさい。

(4)　下線部(b)の価格を何というか答えなさい。

(5)　（③）にあてはまる語句を，次の**ア**〜**ウ**の中から一つ選び，記号で答えなさい。

ア 上昇　**イ** 下落　**ウ** 維持

(1)		(2)	
(4)		(5)	

(3)
価格
供給量

2節 経済活動と流通(1)

教科書 p.65~67

要点整理

正答数 ／7問

教科書の内容についてまとめた次の文章の(　　)にあてはまる語句を書きなさい。

Check!

1 流通の必要性

教科書 p.65

商業では，流通が重要な活動に位置づけられている。

今日，生産と流通は(①　　　　　　)している。(①)によって，ものの生産者は販売する過程を流通業に任せることができるため，より品質の高いものを生産することに集中することができる。

Check!

Feature　流通の歴史と発展

教科書 p.66~67

1）…原始社会の人々は，身近な集団のなかで自ら生産し，自ら消費するという自給自足の生活を営んでいたため，流通という活動を必要としなかった。

2）…生産用具や生産方法の発達・改良によって生産力が向上し，余った生産物(余剰生産物)をたがいに交換する(②　　　　　　　)がはじまった。

3）…(②)は，やがて人々が集まるときを利用して，一定の場所で行われるようになっていった。この交換の場所を(③　　　　　)という。

4）…交換の道具として，貨幣が用いられるようになった。はじめは米などそれ自体に価値がある(④　　　　　　　　)が用いられた。

5）…やがて，保存や持ち運びに便利な金などの(⑤　　　　　　　　　)が用いられるようになった。

6）…貨幣を仲立ちとする交換(売買)はますます盛んになり，人々は，自分の得意とするものをそれぞれ手分けしてつくるようになった。これを(⑥　　　　　　　　　)という。

7）…分業が進み，生産量が増えてくると，生産者と消費者の間に立って仲介する(⑦　　　　　)が現れるようになった。

8）…鎌倉時代の頃には，(⑦)は常設の店舗を構えるようになった。

9）…江戸時代になると，流通は全国的な規模に広がった。陸では交通網が整い，海上で航路が開かれた。

10）…(⑦)の役割はますます重要になり，いろいろな仕事に分化していった。

11・12)…明治時代に入ると，輸送機器や通信機器の発達により，市場は国全体に広がった。さらに，貿易も盛んになった。

▶Step 問題

正答数　／5問

1 下の図は「流通の歴史と発展」の一部についてあらわしたものである。(①)～(④)にあてはまる語句を，下のア～オの中から一つずつ選び，記号で答えなさい。

…原始社会の人々は家族などの身近な集団の中で自ら生産し，自ら消費するという(①　　　　)の生活を営んでいた。

…その後，生産力が向上し，余剰生産物の(②　　　　)が始まった。

…(②)では，つねに交渉が成立するとは限らないため，交換の道具として(③　　　　)が用いられるようになった。はじめは米・布・毛皮などそれ自体に価値がある物品(③)が用いられた。

…やがて，保存や持ち運びに便利な(④　　　　)が用いられるようになった。

ア　金属貨幣　　**イ**　貨幣　　**ウ**　自給自足　　**エ**　道具　　**オ**　物々交換

2 今日では生産と流通が分業している理由を説明しなさい。

2節 経済活動と流通(2)

教科書 p.68〜76

要点整理

正答数　／21問

2 流通の役割

教科書 p.68〜69

Check!

流通は，生産と消費の間にあるさまざまな隔たりを橋渡しする役割を担っている。

1…ものをつくる生産者とものを買って使う消費者が別々である場合に生じる隔たりを(①　　　)または所有的隔たりという。

2…生産地と消費地が異なることから生じる隔たりを(②　　　)という。

3…生産の時期と消費の時期が異なることから生じる隔たりを(③　　　)という。

4…生産者は消費者が欲しいものを把握しにくく，消費者は生産者がどのようなものをつくっているのかわからないために生じる隔たりを(④　　　)という。

5…生産者が売りたい価格と消費者が買いたい価格が異なるために生じる隔たりを(⑤　　　)という。

流通は，こうした五つの隔たりを橋渡しして，ものや情報を移動させる活動をしている。この移動の流れについて，所有権の移転は(⑥　　　)，ものの移動は(⑦　　　)，情報の移動は情報流とそれぞれいう。

3 流通業の種類

教科書 p.70

Check!

流通は，主に消費者に商品を販売するビジネスである(⑧　　　)と，主に商品を生産者から仕入れてほかの(⑨　　　)や(⑧)に販売するビジネスである(⑨)によって担われている。(⑧)はコンビニエンスストアやスーパーマーケット，青果店や書店など店舗を構えて販売する場合や，(⑩　　　)などで販売する場合がある。

4 流通経路

教科書 p.71〜73

Check!

商品が生産されてから，消費者に届くまでの道すじを(⑪　　　)という。(⑪)は，大きく直接流通と間接流通の二つに分けることができる。直接流通は，生産者が流通業を通さずに，消費者に直接商品を販売する経路である。近年では，地域の農家が複数集まって，お客が集まる場所で即席の市場をつくって自家製の農産物を販売する取り組みである(⑫　　　)や朝市が開催されている。

間接流通は，生産者が流通業を通して，間接的に消費者に商品を販売する経路である。

商品の種類によって，(⑪)も異なる。生活用品の(⑪)は，生産者が流通業を通さず消費者に直接販売したり，小売業や卸売業を通して販売したりする。

産業用品の(⑪)は，あまり商品を分散させる必要がないことが一般的である。

生活用品は購買慣習によって，最寄品，(⑬　　　　　)，専門品に分類できる。また，企業と消費者の売買を(⑭　　　　　)取引といい，企業どうしの売買を(⑮　　　　　)取引という。

5 流通の進化

教科書 p.74～76

Check!

人手不足や物流費の高騰などで，流通業を取り巻く環境は厳しくなっている。卸売業では大規模な小売業が増えていることで，(⑯　　　　　)が起きているため，再編が目指されている。

いつ，どの商品が売れたのかといった販売情報を管理するシステムを(⑰　　　　　)といい，こうした情報を活かして，小売業は独自の商品である(⑱　　　　　)商品(PB商品)の開発を行ったりしている。

小売業では，消費者が店舗では実物を確認するだけで，インターネットで商品を注文するという(⑲　　　　　)への対応が課題となっている。この課題に対して，小売業は，インターネットと実店舗を結びつける(⑳　　　　　)という取り組みを行っていたが，近年はさらに進んだ(㉑　　　　　)化に取り組んでいる。

▶Step 問題

正答数　　／27問

1 次の各文の下線部が正しい場合は○を，誤っている場合は正しい語句を書きなさい。

(1) ものをつくる生産者とものを買って使う消費者が別々である場合に生じる隔たりを<u>空間的隔たり</u>という。

(2) 流通について，ものの移動を<u>商流</u>という。

(3) <u>卸売業</u>は，主に私たち消費者に商品を販売するビジネスである。

(4) 商品が生産されてから，消費者に届くまでの道すじを<u>流通経路</u>という。

(5) <u>ショールーミング</u>とは，小売業がすべての販売経路を統合して，消費者がいつでもどこでも商品を買えるようにする仕組みのことである。

(1)		(2)		(3)	
(4)		(5)			

2 **次の⑴〜⑸の説明にあてはまる語句を，下のア〜カの中から一つずつ選び，記号で答えなさい。**

⑴　生産地と消費地が異なることから生じる隔たり

⑵　生産の時期と消費の時期が異なることから生じる隔たり

⑶　生産者が売りたい価格と消費者が買いたい価格が異なるために生じる隔たり

⑷　輸送や保管に関する流通

⑸　情報の移動に関する流通

ア　時間的隔たり　　**イ**　価値的隔たり　　**ウ**　情報流　　**エ**　空間的隔たり

オ　商流　　**カ**　物流

⑴		⑵		⑶		⑷		⑸	

3 **次の各文の説明にあてはまる語句を，下のア〜カの中から一つずつ選び，記号で答えなさい。**

⑴　低価格で，購買頻度が多く，最寄の店舗で購入する商品

⑵　高価格で，購買頻度が極めて少なく，時間や労力を惜しまず購入する商品

⑶　比較的高価格で，いくつかの店舗を回って比較して購入する商品

⑷　完成された製品の一部を構成する品

⑸　製品を構成しないが，製造するために必要なもの

ア　消耗品　　**イ**　最寄品　　**ウ**　専門品　　**エ**　原材料　　**オ**　部品　　**カ**　買回品

⑴		⑵		⑶		⑷		⑸	

4 **次の文章の（①）〜（⑤）にあてはまる語句を，下のア〜カの中から一つずつ選び，記号で答えなさい。**

近年，小売業では，消費者が店舗では実物を確認するだけで，インターネットで商品を注文するという（①）への対応が課題となっている。この課題に対して（②）という取り組みを行っていたが，最近はさらに進んだ（③）化に取り組んでいる。実店舗に強みを持つ小売業は，（③）化を進め，（④）や（⑤）を開発している。

ア　O2O　　**イ**　アプリ　　**ウ**　Webサイト　　**エ**　ウェブルーミング

オ　ショールーミング　　**カ**　オムニチャネル

①	②	③	④	⑤

5 次の文章を読み，あとの問いに答えなさい。

商品が生産されてから，消費者に届くまでの道すじを流通経路という。流通経路は，大きく（①）と間接流通の二つに分けることができる。

（①）は，(a)生産者が流通業を通さずに消費者に販売する流通経路である。一方，間接流通は，生産者が（②）を通して消費者に販売する流通経路や，生産者から消費者に商品が渡るまでに卸売業と（②）を通る流通経路などである。とくに，小規模な（②）が取り扱うことの多い商品では，２段階以上の卸売業を通ることがある。

このような生活用品の取引は企業と消費者が売買をするため（③）と呼ばれる。また，生活用品に対して，企業などが業務上の目的で用いる商品を（④）という。

(1)　（①）にあてはまる語句を書きなさい。

(2)　（②）にあてはまる語句を書きなさい。

(3)　（③）にあてはまる語句を，次の**ア**～**ウ**の中から一つ選び，記号で答えなさい。

ア　B to A取引　　**イ**　B to B取引　　**ウ**　B to C取引

(4)　（④）にあてはまる語句を書きなさい。

(5)　下線部(a)の例として，地域の農家が複数集まって，お客がたくさん集まる場所で即席の市場をつくって自家製の農産物を販売する取り組みを何というか答えなさい。

(1)		(2)		(3)	
(4)		(5)			

6 プライベート・ブランド商品（PB商品）の特徴を説明しなさい。

7 流通業でPOSシステムが重要である理由を説明しなさい。

◆探究問題

●参照：p.74／5　流通の進化

1 どのような商品でショールーミングが起きやすいかを調べて書き出してみよう。

2 インターネットの発達で実店舗は不要になるかどうか，理由も併せて考えてみよう。

3 小売業のアプリで，「あると便利だと思う機能」を考えてみよう。

4 これからの小売業とインターネットの関係はどうなるだろうか。自分の意見をまとめてみよう。

■重要用語の確認

正答数　1回目　／25問　2回目　／25問

次の⑴～㉕にあてはまる用語を書きなさい。

1回目 2回目

(1) 生産，流通，消費といった経済活動を行う主体。(　　　)

(2) 生産に必要な土地，資本，労働力といった資源。(　　　)

(3) 選択肢が二つ以上あるときに，一方を選択したら，もう一方の選択をあきらめなければならない状態。(　　　)

(4) (3)によって，あきらめなければならない価値。(　　　)

(5) 企業などが商品を売ろうとする気持ち。(　　　)

(6) 消費者などが商品を買おうとする気持ち。(　　　)

(7) 需要量と供給量が一致する価格。(　　　)

(8) 生産者と消費者が別々である場合に生じる隔たり。(　　　)

(9) 生産地と消費地が異なることから生じる隔たり。(　　　)

(10) 生産の時期と消費の時期が異なることで生じる隔たり。(　　　)

(11) 所有権を移転する活動。(　　　)

(12) ものを移動する活動。(　　　)

(13) 情報を移動する活動。(　　　)

(14) 主に消費者に商品を販売するビジネス。(　　　)

(15) 主に商品を生産者から仕入れてほかの卸売業や小売業に販売するビジネス。(　　　)

(16) 商品が生産されてから，消費者に届くまでの道すじ。(　　　)

(17) 低価格で購買頻度が多く，最寄の店舗で購入する商品。(　　　)

(18) いくつかの店舗を回って比較して購入する商品。(　　　)

(19) 特定の専門店をたずねて購入する商品。(　　　)

(20) いつ，どの商品が売れたのかといった販売情報を管理するシステム。(　　　)

(21) 小売業が商品企画をしてつくる独自の商品。(　　　)

(22) 大手メーカーが商品企画をしてつくる独自の商品。(　　　)

(23) 店舗においては実物を確認するだけで，インターネットで商品を注文する行動。(　　　)

(24) インターネットと実店舗を結びつける取り組み。(　　　)

(25) 小売業がすべての販売経路を統合して，消費者がいつでもどこでも商品を買えるようにする仕組み。(　　　)

▲アプリはこちらから

アプリでほかの問題にもチャレンジしてみよう！

1節 ビジネスの種類

教科書 p.78〜84

要点整理

正答数 ／12問

教科書の内容についてまとめた次の文章の（　）にあてはまる語句を書きなさい。

1 ものとサービス

教科書 p.78

Check!

私たちが購入する商品は，形があり，見たり触ったりすることができる（①　　　　）と，形がないサービスである（②　　　　）に分けることができる。サービス経済化が進んだ今日では，ものとサービスを厳密に分けることが難しくなっている。

2 製造業

教科書 p.79〜80

Check!

ものを生産するビジネスには，農業や漁業，林業，建設業のほか，原材料を仕入れて加工することで製品をつくる（③　　　　）がある。（③）はものづくりのビジネスである。私たちが「こんなものが欲しかった」と思うものを（③）が開発することで，私たちの暮らしは便利になる。

日本の（③）には，世界に誇れる技術がある。（③）は，生産するだけではなく販売もする必要性を感じるようになり，実行に移している。例えば，消費者向けの製品を開発し，（④　　　　）を立ち上げ，（⑤　　　　）や雑貨店などで販売している。

3 サービス業

教科書 p.81〜82

Check!

サービスを生産するビジネスには，小売業や卸売業，物流業，金融業，情報通信業のほか，接客を中心とする（⑥　　　　）がある。（⑥）の役割は，顧客の生活の質を向上させることである。

サービスには三つの特徴がある。形が無く目に見えないため，事前に品質の確認ができないという（⑦　　　　），生産と消費が同時に行われるために，製品のように在庫することができないという（⑧　　　　），サービスの品質が一定ではないという（⑨　　　　）があげられる。

サービス経済化が進展している日本では，（⑥）の需要が高くなっており，共働き世帯や高齢化世帯向けの家事代行サービス，食材の宅配サービスといったことに対するニーズが高まっている。

日本の接客サービスの品質は，世界的に高く評価されており，（⑩　　　　）という言葉で接客サービスの高さが表現されている。

4 製造業のサービス化

教科書 p.83~84

Check!

近年，ものだけでは(⑪　　　　　　)が難しいため，ものとサービスを組み合わせて，魅力が高まるように工夫されている。製造業がサービス化することを(⑫　　　　　　　　)という。

▶Step 問題

正答数　　／20問

1 次の各文の内容が正しい場合は○を，誤っている場合は×を書きなさい。

⑴ 酪農家が牛乳をソフトクリームにして牧場で販売したりする取り組みを六次産業化という。

⑵ 製造業は，原材料を仕入れて加工することで製品をつくる，ものづくりのビジネスといえる。

⑶ シェアリング・エコノミーとは，製造業がサービス化することをいう。

⑷ 企業は，インターナル・マーケティングの取り組みによって，従業員のやる気を高めている。

⑸ 製造業が，インターネット通販によって消費者に直接販売することはない。

⑴		⑵		⑶		⑷		⑸	

2 次の各文の下線部が正しい場合は○を，誤っている場合は正しい語句を書きなさい。

⑴ 洗濯や掃除，料理の支度などを代行してくれるサービスを家庭代理サービスという。

⑵ 特定のブランドだけではなく，多様なブランドの製品を品ぞろえして販売する店舗を，インポートショップという。

⑶ ものを有形財というのに対して，サービスを固形財という。

⑷ 「ホスピタリティ」は日本のサービス品質の高さを表す用語として使われる。

⑸ 消費者に購入してもらうために，独自の特徴で違いを出すことを区別化という。

⑴		⑵	
⑶		⑷	
⑸			

3 シェアリング・エコノミーとはどのような活動か説明しなさい。

4 次の文章の（①）～（⑤）にあてはまる語句を，下のア～カの中から一つずつ選び，記号で答えなさい。

サービスには三つの特徴がある。一つめは（①）で，これはサービスには形が無く目に見えないため，事前に品質の確認ができないという特徴である。二つめは（②）で，サービスは生産と消費が同時に行われるため，製品のように在庫することができないという特徴である。三つめは（③）で，サービスの品質が一定ではないという特徴である。

サービスの品質を高める取り組みとして，企業が従業員も顧客と考える（④）がある。また，製造業がものにサービスを付加して消費者に提供するようになることを（⑤）という。

ア　サービタイゼーション　　**イ**　無形性　　**ウ**　不安定性

エ　インターナル・マーケティング　　**オ**　同時性　　**カ**　差別化

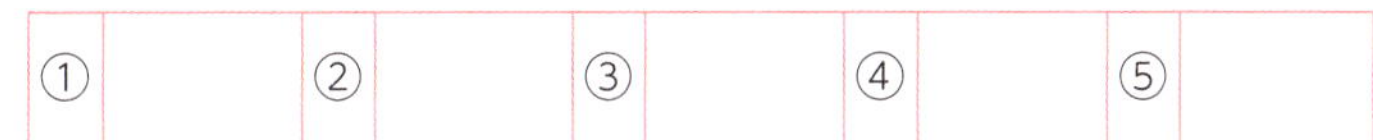

①		②		③		④		⑤	

5 次の文章を読み，あとの問いに答えなさい。

私たちが購入する商品は，ものとサービスに分けることができる。ものは形があり，見たり触ったりすることができるため，（①）とも呼ばれる。サービスは形が無いため，（②）とも呼ばれる。

産業別に分類すると，「ものを生産するビジネス」には(a)<u>第一次産業</u>と第二次産業があてはまるといえる。また，「サービスを生産するビジネス」には第三次産業があてはまるといえる。最近では，(b)<u>第一次産業が加工や販売といったそのほかの産業の役割まで手がける取り組み</u>もみられる。

(1)　（①）にあてはまる語句を書きなさい。

(2)　（②）にあてはまる語句を書きなさい。

(3)　下線部(a)の例として適切なものを次の**ア**～**ウ**の中から一つ選び，記号で答えなさい。

ア　農業　　**イ**　製造業　　**ウ**　建設業

(4)　下線部(b)の取り組みを何というか答えなさい。

(1)		(2)	
(3)		(4)	

2節 小売業(1)

教科書 p.85〜86

要点整理

正答数 ／6問

教科書の内容についてまとめた次の文章の(　　)にあてはまる語句を書きなさい。

1 小売業のビジネス

教科書 p.85〜86

Check!

小売業は，生産者や卸売業から商品を仕入れて，消費者に直接販売する役割を担っている。小売店舗では，消費者が必要とする商品を，いつでもどこでも必要な量だけ適正な価格で販売できるような(①　　　　　)をすることが重要である。

小売業の多くは，複数の店舗を展開する(②　　　　　)によって，営業範囲を広域化し，規模を拡大することによって経営の効率化を図っている。

(②)には，三つの方式がある。一つの企業が多数の店舗を設け，商品の仕入れや広告などを本部でまとめて行う(③　　　　　)，独立した多数の小売業が，企業としての独立性を保ちつつ協力して組織する(④　　　　　)，本部が加盟店を募集して組織する(⑤　　　　　)である。(⑤)では，本部をフランチャイザー，加盟店をフランチャイジーといい，本部は加盟店に対して商品の供給や販売方法の指導などを行い，加盟店から一定の権利使用料である(⑥　　　　　)を受け取る。

Step問題

正答数 ／5問

1 次の各文の説明にあてはまる語句を，下のア〜オの中から一つずつ選び，記号で答えなさい。

(1) 一つの企業が多数の店舗を設け，商品の仕入れや広告などを本部でまとめて行うチェーン

(2) 独立した多数の小売業が，独立性を保ちつつ協力して組織するチェーン

(3) フランチャイズチェーンにおける本部

(4) フランチャイズチェーンにおける加盟店

(5) 加盟店が本部に支払う権利使用料

ア フランチャイジー　**イ** ボランタリーチェーン　**ウ** ロイヤリティ

エ フランチャイザー　**オ** コーポレートチェーン

(1)		(2)		(3)		(4)		(5)	

2節 小売業(2)

教科書 p.87～95

要点整理

正答数　／24問

教科書の内容についてまとめた次の文章の（　）にあてはまる語句を書きなさい。

2 小売業の種類

教科書 p.87～93

Check!

小売業は，「何を売っているのか」で分ける（①　　　　）と，「何をどのように売っているのか」で分ける業態で分類することができる。近年では，業態で分けることが一般的である。

比較的小規模で特定の種類の商品だけを品ぞろえしている業態を（②　　　　）という。鮮魚店，生花店，惣菜店など商店街を構成する業態であり，近年，減少しているものの，日本の小売業全体では高い割合を占めている。

取扱商品の種類をしぼった専門性の高い品ぞろえを特徴とする業態を（③　　　　）という。個性的な品ぞろえと，高い専門知識を持った販売員の接客によって，消費者ニーズにきめ細かく対応する。近年では，低価格を売りにする（③）チェーンも増加しており，（④　　　　）と呼ばれることもある。

自社独自の商品を生産して販売まで手がける業態を（⑤　　　　）という。特に衣料品を中心とした（⑤）は（⑥　　　　）という。（⑥）は，小売業が持つ，消費者ニーズについてのさまざまな情報を，すばやく商品の開発に反映させることができる長所がある。

百貨店は，衣料品，服飾雑貨など幅広い商品を部門ごとに取り扱い，顧客と店員が一対一で応対する（⑦　　　　）という販売方法を中心とした大規模な業態である。店内のスペースを賃借して，店舗を構え，営業する（⑧　　　　）を誘致したりする。

総合スーパーは，食料品や衣料品を中心に，日用品を総合的に取り扱う（⑨　　　　）方式を中心とした大規模な業態である。大量仕入，大量販売で商品を割安な価格で提供している。

スーパーマーケットは，青果，鮮魚，精肉という（⑩　　　　）を中心に，食料品に特化した品ぞろえをする業態である。近年は，重い荷物を持てない高齢者のために，有料の配送や，インターネット上のスーパーである（⑪　　　　）といったサービスを充実させており，買い物客が自分で商品をスキャンし，精算をする（⑫　　　　）の導入も進められている。

食料品や日用品などの生活必需品を取りそろえ，長時間営業や年中無休を特徴とする業態を（⑬　　　　　　　　）という。大手の（⑬）では，ポイントカードを発行し，より詳細な顧客データや購買履歴を入手している。

そのほか，医薬品や化粧品などを中心に（⑨）方式で販売する（⑭　　　　　　　　），DIYに関連した商品を豊富に取りそろえている（⑮　　　　　　　　），家電製品などの耐久消費財や食品などを中心に，一般のお店より大幅に安い価格で提供することを特徴とする（⑯　　　　　　　　）などの業態もある。

無店舗販売の業態には，テレビ，雑誌，Webサイトなどで商品を宣伝し，郵便や電話などで注文を受ける（⑰　　　　　　　　），家庭や職場を販売員が訪れ，商品を説明して販売する（⑱　　　　　　　　），消費者がいつでも商品を購入できるように，機器によって販売する（⑲　　　　　　　　）がある。

近接した複数の小売店舗の集まりを（⑳　　　　　　　　）という。駅前などの人通りが多い場所に自然発生的にできた（⑳）を（㉑　　　　　　　　）という。一方，特定の開発業者によって計画的に建設，運営される（⑳）を（㉒　　　　　　　　）という。郊外型の（㉒）は，大型小売店舗を核テナントとし，１店舗または１か所に立ち寄るだけで必要な買い物ができる（㉓　　　　　　　　）が可能である。

3 小売業の新たな展開

教科書 p.94~95

Check!

オムニチャネル化が進み，小売業は販売する流通チャネルを増やす必要がある。

インターネット通販に対応するため，顧客が買い物やサービスを通じて得る体験である（㉔　　　　　　　　）を意識して，消費者が店舗に足を運びたくなる仕掛けを施す必要がある。

▶Step 問題

正答数　　／26問

1 次の各文の下線部が正しい場合は○を，誤っている場合は正しい語句を書きなさい。

(1) 低価格を売りにする家電や衣料品などの専門店チェーンを<u>均一価格店</u>という。

(2) <u>SPA</u>は，衣料品を中心とした製造小売のことである。

(3) <u>ホームセンター</u>は，耐久消費財などを一般の店より大幅に安い価格で提供している。

(1)		(2)	
(3)			

2 下の表は「小売業の種類」についてまとめたものである。①～④にあてはまる業態を書きなさい。また，(A)～(C)にあてはまる特徴を下のア～エの中から一つずつ選び，記号で答えなさい。

業態	特徴など
一般小売店	(A)
①	生活必需品を長時間営業や年中無休で販売する
②	セルフサービス方式で日用品を総合的に取り扱う
スーパーマーケット	(B)
③	幅広い商品を部門ごとに取り扱う対面販売を中心とする
ドラッグストア	(C)
④	住宅関連品，園芸用品やDIYに関連した商品が豊富

ア 医薬品や化粧品などを中心に，食料品なども取りそろえ，美容や健康のために利用される

イ 税抜き100円など，価格を均一にした品ぞろえで，大量販売が可能である

ウ 比較的小規模で特定の種類の商品だけを品ぞろえしており，商店街を構成している

エ 生鮮三品を中心に，食料品に特化した品ぞろえをしている

3 次の各文の内容が正しい場合は○を，誤っている場合は×を書きなさい。

(1) 最近のスーパーマーケットでは，セルフレジの導入が進められている。

(2) 生鮮三品とは，青果，鮮魚，総菜のことである。

(3) オムニチャネル化が進むことにより，小売業は流通チャネルを減らす必要がある。

(4) 食品スーパーとレストランを組み合わせた新業態をグローサラントという。

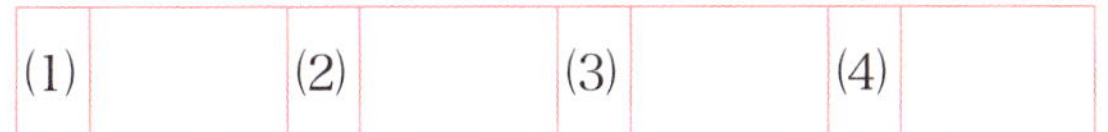

(1)		(2)		(3)		(4)	

4 次の文章の(①)～(④)にあてはまる語句を，下のア～オの中から一つずつ選び，記号で答えなさい。

無店舗販売の方法には，テレビやWebサイトなどで商品を宣伝し，注文を受ける(①)，家庭や職場を販売員が訪れて販売する(②)，消費者がいつでも購入できるように機器によって販売する(③)による販売がある。現在はさまざまな(③)があり，情報提供や防犯対策としても活用できる(④)(③)もある。

ア Wi-Fi　**イ** USB　**ウ** 訪問販売　**エ** 通信販売　**オ** 自動販売機

①		②		③		④	

5 次の文章を読み，あとの問いに答えなさい。

近接した複数の小売店舗の集まりを(①)という。駅前などの人通りの多い場所に自然発生的にできた(①)を(②)という。一方，特定の(a)開発業者によって計画的に建設，運営される(①)を(③)という。(③)は郊外型と都市型に分けることができ，郊外型は(b)核テナントを中心に集客を行い，生活必需品から専門品まで，(c)1店舗または1か所に立ち寄るだけで必要な買い物ができる仕組みをつくり上げている。都市型は，中心市街地にあり，商業施設のほか，企業のオフィスが組み合わさる場合も多くなっている。

(1) (①)にあてはまる語句を書きなさい。

(2) (②)にあてはまる語句を書きなさい。

(3) (③)にあてはまる語句を書きなさい。

(4) 下線部(a)を何というか。次の**ア**～**ウ**の中から適切な語句を一つ選び，記号で答えなさい。

ア アウトレットモール　**イ** ディベロッパー　**ウ** グローサラント

(5) 下線部(b)となり得るのはどのような小売店か。次の**ア**～**ウ**の中から適切な語句を一つ選び，記号で答えなさい。

ア 専門店　**イ** 大型小売店　**ウ** コンビニエンスストア

(6) 下線部(c)を何というか。カタカナ12文字で答えなさい。

(1)		(2)		(3)	
(4)		(5)			
(6)					

6 コンビニエンスストアが行うサービスにはどのようなものがあるか説明しなさい。 

7 小売業の新業態にはどのようなものがあるか説明しなさい。

3節 卸売業

教科書 p.96〜98

要点整理

正答数　／5問

教科書の内容についてまとめた次の文章の(　　)にあてはまる語句を書きなさい。

1 卸売業のビジネス

教科書 p.96

Check!

卸売業は生産者と小売業の橋渡しをする。卸売業は生産者と小売業の中間に入ることによって取引の総数を少なくしている。これを(①　　　　　　　　)という。

2 卸売業の種類

教科書 p.97

Check!

生産者から商品を仕入れ，小売業や別の卸売業に販売する卸売業を一次卸という。別の卸売業から商品を仕入れ，さらに別の卸売業や小売業に販売する卸売業を二次卸という。機能別に分類する場合は，商品の収集機能を持つ(②　　　　　　)，商品の仲継機能を持つ(③　　　　　　)，商品の分散機能を持つ(④　　　　　　)となる。

3 卸売業の新たな展開

教科書 p.97〜98

Check!

卸売業は，有力な卸売業が合併や統合して(⑤　　　　　　)するなど，厳しい環境に置かれている。そこで，小売業に品ぞろえを提案したり，技術を高めたりすることで存在感を高めようとしている。

Step問題

正答数　／4問

1 次の各文の下線部が正しい場合は○を，誤っている場合は正しい語句を書きなさい。

(1) 卸売業が，生産者と小売業の中間に入ることによって，取引の総数を少なくすることを，取引総数最小化の原理という。

(2) 消費者の近くにあって商品の分散機能を持つ卸売業を産地卸という。

(3) 卸売業が，売れ残りによる生産者と小売業の危険の一部を負担することを，不確実性リスク原理という。

(4) 二次卸は生産者から商品を仕入れている。

(1)		(2)	
(3)		(4)	

4節 物流業

教科書 p.99~102

要点整理

正答数 ／15問

教科書の内容についてまとめた次の文章の(　　)にあてはまる語句を書きなさい。

1 物流業のビジネス

教科書 p.99

Check!

物流業は，ものの輸送と保管を担っている。物流の主な活動には，輸送，保管のほか，保護材などで商品を(①　　　　)する活動，商品の切断，混合，再包装，接着，組み立てなどをする(②　　　　)という活動，倉庫から外へ，外から倉庫へと荷物を運搬する(③　　　　)という活動がある。これらは情報管理によって効率化が図られている。企業どうしの取引データを標準化して交換できる(④　　　　)という仕組みによって，企業間取引をすばやく行うことができる。

2 物流業の種類

教科書 p.100~101

Check!

物流業には，商品の輸送サービスを主に提供する(⑤　　　　)と，商品の保管サービスを主に提供する(⑥　　　　)がある。

(⑤)のサービスは，輸送の手段によって分けることができる。国内の物流の中心となっているのが，トラックを使う(⑦　　　　)輸送である。トラックは機動性に優れるため，小口の輸送に便利である。主に工業原料や資材，エネルギー原料などの大規模な国内外の輸送を担うのが(⑧　　　　)輸送である。一般貨物を運ぶ定期船は(⑨　　　　)と呼ばれ，トランパーと呼ばれる不定期船は大量の原材料を運ぶのに使われる。ほかにも，コンテナ輸送が中心で，安定性と安全性が高い(⑩　　　　)輸送や，(⑪　　　　)と呼ばれる貨物専用機が使われる航空輸送がある。

商品を保管する施設を(⑫　　　　)という。(⑫)には，自家倉庫と，商品を預かることを業務とする企業が保有する(⑬　　　　)がある。近年では，生産者や小売業が自ら，(⑭　　　　)という物流の拠点となる施設を保有するようになっていることから，(⑫)業は，新たな設備を持った(⑫)をつくるなどしている。

3 物流業の新たな展開

教科書 p.102

Check!

物流のさまざまな機能を全体としてまとめて管理する考え方を(⑮　　　　)という。物流は，一つの機能が向上すると，連動してほかの機能も向上する。そのため，物流全体を統合的に管理する(⑮)が重要になる。

▶Step 問題

正答数　　／11問

1 次の各文の下線部が正しい場合は○を，誤っている場合は正しい語句を書きなさい。

(1) 流通加工とは，パレットやコンテナを使って荷物を運搬する活動である。

(2) 船舶輸送において，一般貨物を運ぶ定期船をライナーと呼ぶ。

(3) 自動車で行われている輸送を，環境負荷が小さく輸送効率の高い船舶や鉄道での輸送に一部変更しようとする取り組みをドア・ツー・ドアという。

(4) 倉庫業では，一時的に家具を預かったり，保管の難しい美術品などを預かるトランクルームの経営が行われている。

(5) 戸口から戸口への輸送といった小口の輸送には，鉄道輸送が便利である。

(1)		(2)		(3)	
(4)		(5)			

2 次の各文の説明にあてはまる語句を，下のア～カの中から一つずつ選び，記号で答えなさい。

(1) 航空輸送における貨物専用機

(2) トラックと鉄道が協同して行うコンテナ貨物の輸送

(3) 船舶と航空機が協同して行う貨物の輸送

(4) 物流のさまざまな機能を全体としてまとめて管理する考え方

(5) 物流を含めて原材料や部品の調達から開発，製造，配送，販売までの業務を一貫した流れとして全体を管理する考え方

ア 倉庫　**イ** サプライ・チェーン・マネジメント　**ウ** フレイター

エ フレートライナー　**オ** シーアンドエア　**カ** ロジスティクス

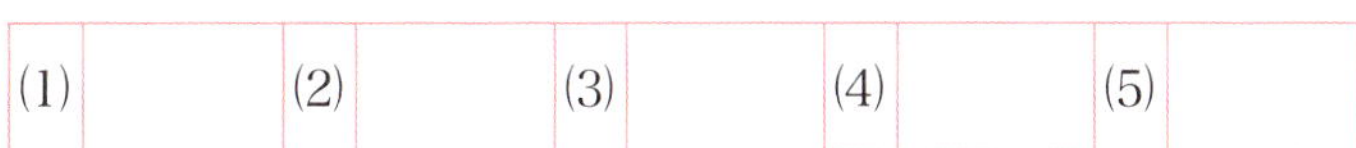

(1)		(2)		(3)		(4)		(5)	

3 インターネット通販の増加で物流業はどう変化したか説明しなさい。 

5節 金融業

教科書 p.103〜108

要点整理

正答数 ／13問

教科書の内容についてまとめた次の文章の(　　)にあてはまる語句を書きなさい。

1 金融業のビジネス

教科書 p.103

Check!

資金供給者から資金需要者に資金を融通することを(①　　　　　　)といい，(①)をサービスとして提供する事業を(①)業という。

(①)は，資金供給者が特定の企業などの株式や社債などを購入することで，資金需要者に直接的に資金を融通する(②　　　　　　)と，銀行などが資金供給者から資金を預かり，その資金を資金需要者に貸し出す(③　　　　　　)に分けられる。

2 金融業の種類

教科書 p.104〜107

Check!

金融業は銀行，証券会社，保険会社などによって営まれている。

銀行は，銀行の三大業務と呼ばれる(④　　　　　　)，(⑤　　　　　　)，為替業務を行っている。銀行の預金には，いつでも引き出しができる(⑥　　　　　　)と，一定期間は原則として引き出すことのできない(⑦　　　　　　)がある。

(⑤)には，貸し付けと手形割引がある。銀行は(⑤)で受け取る利息と(④)で支払う利息の差(利ざや)を収益としている。

証券会社は，直接金融を担う代表的な金融機関であり，有価証券の売買などの業務を行っている。

保険会社は，私たちの周りにあるさまざまなリスクに備え，経済的な不安を取り除くために，多数の人々が協力し，互いに助け合うという(⑧　　　　　　)を目的として保険制度の事業を行っている。

保険は，同じようなリスクや不安を持ったりしている多数の人々が(⑨　　　　　　)を出し合い，それを積み立て，そのメンバーの誰かに損害が発生したときに(⑩　　　　　　)を支払う仕組みになっている。

保険は民間の保険会社が扱う普通保険と，国や地方公共団体が政策を遂行するための政策保険に分けられる。このうち普通保険は，主に人の生死を保険の対象とした(⑪　　　　　　)と財産を対象とした(⑫　　　　　　)に分けられる。

Check!

3 金融業の新たな展開

教科書 p.108

日本の金融業は，1996年に始まった金融ビッグバンによってさまざまな規制が緩和された結果，競争が激化し，業界再編が進んだ。近年ではIT技術を駆使した金融サービスを意味する「(⑬　　　　　　　　)」を開発するIT企業が金融業に進出し，斬新で多様化したサービスを実現している。

▶Step問題

正答数　　／20問

1 次の各文の下線部が正しい場合は○を，誤っている場合は正しい語句を書きなさい。

(1) 銀行が預金者から資金を預かり，不特定の企業に貸し出す金融を直接金融という。

(2) 銀行の業務のうち，企業間や企業と家計の間などの資金のやりとりを仲介することを貸出業務という。

(3) 証券取引所は，株式などの金融商品の売買の場を提供し，その売買が公正に行われるように設けられた施設である。

(4) 損害保険とは，主に人の生死を保険の対象としているものである。

(5) 近年の新しい金融サービスを意味する，金融とIT技術を合わせた造語を金融ビッグバンという。

(1)		(2)		(3)	
(4)		(5)			

2 下の図は，「保険の仕組み」をあらわしたものである。①～④にあてはまる語句を書きなさい。

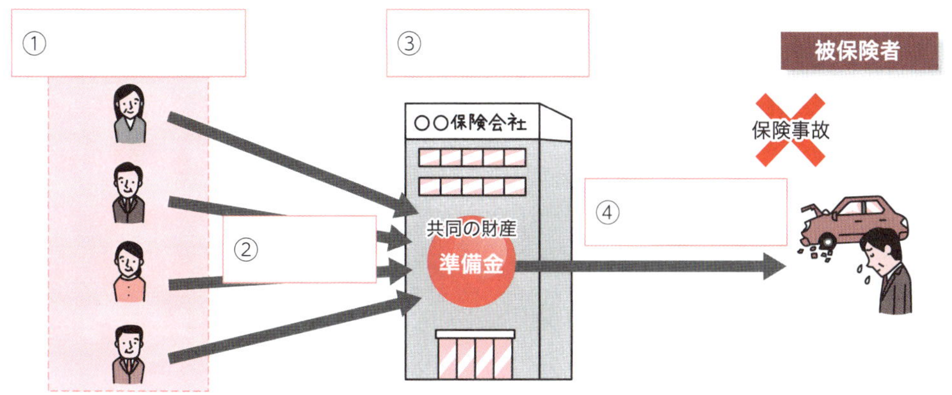

※上図は，被保険者と④の受取人が同一として描(えが)かれていますが，生命保険をはじめ同一でない場合もあります。

3 銀行の収益はどのようにしてあげられるか説明しなさい。

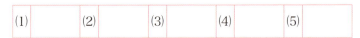

4 次の各文の説明にあてはまる語句を，下のア～カの中から一つずつ選び，記号で答えなさい。

⑴ 証券会社が行う，顧客からの有価証券の売買注文を証券取引所に取り次ぐ業務

⑵ 利用者がインターネットを介して振り込みなどの銀行サービスを受ける仕組み

⑶ 国や地方公共団体が政策を遂行するための保険

⑷ 保険事故により経済的損害を被る者

⑸ 証券会社が自己資金で有価証券を売買し，有価証券売却益の獲得を目指す業務

ア 政策保険　**イ** 自己売買業務　**ウ** 委託売買業務

エ 被保険者　**オ** 損害保険　**カ** ネットバンキング

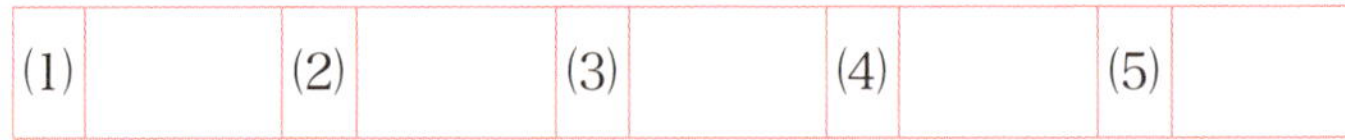

5 次の文章を読み，あとの問いに答えなさい。

銀行の三大業務とは，(a)預金業務，(①)，為替業務のことである。預金業務は銀行のもっとも中心的な業務であり，預金には要求払い預金と(b)定期性預金がある。(①)は，預金された資金を，必要としている家計や企業などに融通して一定の利息を受け取る業務である。これには，貸し付けと，支払期日前の手形を銀行が買い取ることで資金を融通する(②)がある。為替業務は資金のやりとりを仲介する業務である。そのほかにも銀行は顧客から預かった(c)有価証券を売買して差益をかせぐ業務などを行っている。

⑴ (①)(②)にあてはまる語句を書きなさい。

⑵ 下線部(a)と同様の意味を持つ語句として適切なものを一つ選び，記号で答えなさい。

ア 与信業務　**イ** 受信業務　**ウ** 所信業務

⑶ 下線部(b)にあてはまる例として適切なものを一つ選び，記号で答えなさい。

ア 定期預金　**イ** 普通預金　**ウ** 当座預金

⑷ 下線部(c)にあてはまる例として不適切なものを一つ選び，記号で答えなさい。

ア 株式　**イ** 国債　**ウ** 小切手

⑴	①	②	⑵	
⑶		⑷		

6節 情報通信業

教科書 p.109〜112

要点整理

正答数 ／7問

教科書の内容についてまとめた次の文章の（　）にあてはまる語句を書きなさい。

1 情報通信業のビジネス

教科書 p.109

Check!

情報通信業は，情報の受発信やソフトウェアの開発を行い，情報管理を支援する役割を担っている。1990年代半ば以降のインターネットと携帯電話の急速な普及により，現在にいたるまでさまざまな技術が開発されており，情報通信業のビジネスは進化し続けている。「ICTの浸透が人々の生活をあらゆる面でより良い方向に変化させること」と定義される（①　　　　）は，デジタル技術が私たちの生活にさまざまな影響を与えることを表している。

2 情報通信業の種類

教科書 p.110〜111

Check!

通信業は，電気通信によって情報を伝達するためのサービスを提供している。通信業は，電話だけではなく，インターネット通信を担うことが多くなっている。インターネット通信のサービスを提供する企業を（②　　　　）といい，略称をＩＳＰという。現在，さまざまな事業者が参入しており，価格やサービスの競争が行われている。

放送業が提供する放送は，事業者により公共放送と（③　　　　）に分けられる。公共放送は，主に視聴者から支払われる受信料によって運営され，（③）は，CMを放送することで広告主から支払われる広告料によって運営される。

ほかにも情報通信業には，映像・音声・文字情報制作業，インターネット付随サービス業，情報サービス業などが含まれる。情報サービス業には，ソフトウェアを開発するサービスが含まれる。現在では，企業や個人がソフトウェアを所有せず，必要なときに必要な分だけ利用するサービスが提供されている。ソフトウェアのこうした提供方法を（④　　　　）という。

3 情報通信業の新たな展開

教科書 p.112

Check!

近年，ICTはさらなる進化をとげており，私たちの生活を便利にする技術が相次いで誕生している。（⑤　　　　）は，ものとインターネットが繋がり，ものどうしも接続される仕組みである。インターネットと接続しているため，スマートフォンで操作できる家電を（⑥　　　　）という。また，（⑤）は（⑦　　　　）と略される人工知能と組み合わせて活用することで，さらに便利になる。

▶Step 問題

正答数　／11問

1 次の各文の下線部が正しい場合は○を，誤っている場合は正しい語句を書きなさい。

(1) インターネットと携帯電話の急速な普及は<u>1960年代半ば</u>から始まった。

(2) 家庭や企業など，設置されている場所が固定されている電話を<u>固定電話</u>という。

(3) インターネット通信のサービスを提供する企業をインターネット・サービス・<u>チェーン</u>という。

(4) 日本放送協会(NHK)による放送は，<u>民間放送</u>に分類される。

(5) 新聞の発行や書籍の出版では，デジタル化に対応し，<u>電子版</u>のコンテンツを提供することが増えている。

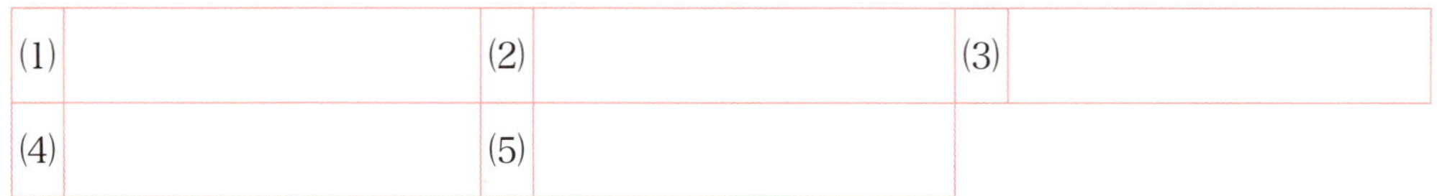

(1)		(2)		(3)	
(4)		(5)			

2 次の各文の説明にあてはまる語句を，下のア～カの中から一つずつ選び，記号で答えなさい。

(1) インターネットと接続されていて，スマートフォンで操作できる家電

(2) デジタル技術が人々の生活にさまざまな影響を与えることを表した言葉

(3) 人間の知的活動をコンピュータによっても同じように行わせるための技術

(4) ソフトウェアを必要なときに必要な分だけ利用するサービスの提供方法

(5) 民間放送の収入源となる広告のこと

ア CM　　**イ** AI　　**ウ** デジタル・トランスフォーメーション

エ SaaS　　**オ** CATV　　**カ** スマート家電

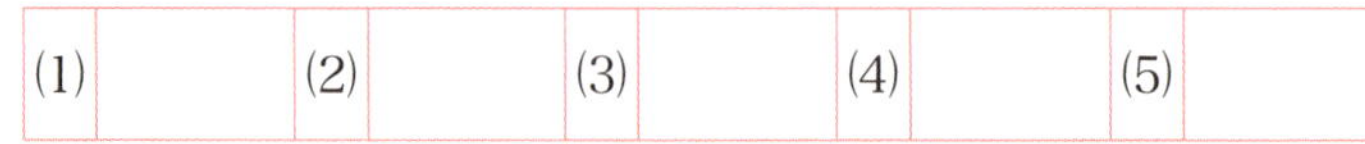

(1)		(2)		(3)		(4)		(5)	

3 ソフトウェアを提供するサービスにおいて，パッケージ版よりもSaaSでの提供が優れている点を説明しなさい。

◆探究問題 1

1 日頃よく買い物に行く店舗の業態を書き出してみよう。

2 よく買い物に行く店舗の業態で，不満な点や改善したほうが良い点を考えてみよう。

3 どのようにすれば，上記の不満な点や改善したほうが良い点を解決できるか考えてみよう。

4 今後，どのような新しい業態の店舗が登場すれば良いと思うか，上記で考えたことをもとにしてまとめてみよう。

◆探究問題 2

●参照：p.112／3 情報通信業の新たな展開

1 現在，スマート家電にはどのようなものがあるか。また，どのように便利になっているのか調べてみよう。

2 スマート家電が私たちの生活に与えている影響を考えてみよう。

3 スマート家電に欠点や弱点はないか考えてみよう。

4 これからのスマート家電はどのように変化していくだろうか。より便利になる使い方や，気を付けなければならない点などをまとめてみよう。

■重要用語の確認 1

正答数　1回目　　／20問　2回目　　／20問

次の(1)〜(20)にあてはまる用語を書きなさい。

1回目 □ 2回目 □ (1) 第一次産業が，第二次産業と第三次産業のビジネスまでを手がける取り組み。（　　　）

□□(2) 原材料を仕入れ加工することで製品をつくるビジネス。（　　　）

□□(3) ほかの商品との違いを明確にするための独自の印。（　　　）

□□(4) 個人や企業が保有する物などを，インターネットを使ってマッチングさせ，ほかの個人や企業も利用可能にする経済活動。（　　　）

□□(5) 製造業が，ものにサービスを付加して消費者に提供するようになること。（　　　）

□□(6) 小売業が複数の店舗を展開すること。（　　　）

□□(7) 一つの企業が多数の店舗を設け，商品の仕入れや広告などを本部でまとめて行うチェーン化の方式。（　　　）

□□(8) 独立した多数の小売業が企業としての独立性を保ちつつ協力して組織するチェーン化の方式。（　　　）

□□(9) 本部が加盟店を募集し，商品の供給や販売方法の指導などを行い，加盟店からロイヤリティを受け取るチェーン化の方式。（　　　）

□□(10) 専門性の高い品ぞろえを特徴とする業態。（　　　）

□□(11) 特定の分野の商品を豊富に取りそろえ，きわめて低い価格で販売する専門店。（　　　）

□□(12) 自社独自の商品を生産して販売まで手がける業態。（　　　）

□□(13) 幅広い商品を部門ごとに取り扱う，対面販売を中心とした大規模な業態。

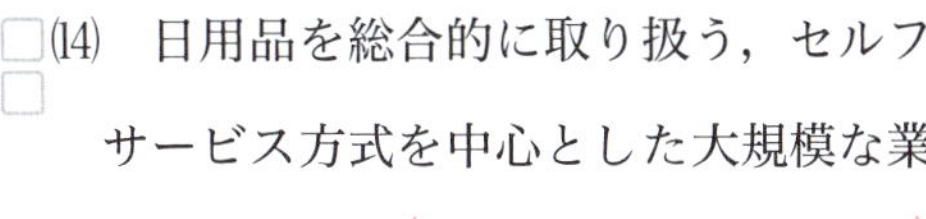

（　　　）

□□(14) 日用品を総合的に取り扱う，セルフサービス方式を中心とした大規模な業態。（　　　）

□□(15) 食料品に特化した品ぞろえをする業態。（　　　）

□□(16) 買い物客が自分で商品をスキャンし，精算をするレジ。（　　　）

□□(17) 生活必需品を取りそろえ，長時間営業や年中無休を特徴とする業態。（　　　）

□□(18) 医薬品や化粧品などを中心に品ぞろえをする業態。（　　　）

□□(19) 日用品から住宅関連品，園芸用品まで品ぞろえをする大規模な業態。（　　　）

□□(20) 耐久消費財や食品などを中心に，大幅に安い価格で提供する業態。（　　　）

▲アプリはこちらから

アプリでほかの問題にもチャレンジしてみよう！

重要用語の確認 2

正答数 1回目 ／21問 2回目 ／21問

次の(1)〜(21)にあてはまる用語を書きなさい。

1回目 □ 2回目 □

(1) 家庭や職場を販売員が訪れ，商品を販売する業態。（　　）

(2) 機器によって販売する業態。（　　）

(3) 近接した複数の小売店舗の集まり。（　　）

(4) 人通りが多い場所に自然発生的にできた商業集積。（　　）

(5) 特定の開発業者によって計画的に建設，運営される商業集積。（　　）

(6) 顧客が買い物や従業員のサービスを通じて得る体験。（　　）

(7) 卸売業が，生産者と小売業の中間に入ることで，取引の総数を少なくすること。（　　）

(8) 小売業が持つ商品売れ残りのリスクを，卸売業が存在することで減少させることができるということ。（　　）

(9) 生産者から商品を仕入れる卸売業。（　　）

(10) 別の卸売業から商品を仕入れる卸売業。（　　）

(11) 生産地の近くにあって商品の収集機能を持つ卸売業。（　　）

(12) 生産地と消費地の間にあって商品の仲継機能を持つ卸売業。（　　）

(13) 消費者の近くにあって商品の分散機能を持つ卸売業。（　　）

(14) 保護材などで商品を包む活動。（　　）

(15) 倉庫から外へ，外から倉庫へと荷物を運搬する活動。（　　）

(16) 商品の切断，混合，組み立てなどをする活動。（　　）

(17) 主に商品の輸送サービスを提供する業種。（　　）

(18) 主に商品の保管サービスを提供する業種。（　　）

(19) 自動車輸送を，環境負荷が小さく輸送効率の高い船舶，鉄道での輸送に一部変更する取り組み。（　　）

(20) 物流のさまざまな機能を全体としてまとめて管理する考え方。（　　）

(21) 原材料や部品の調達から，開発，製造，販売までの業務を一貫した流れとして全体を管理する考え方。（　　）

■重要用語の確認 3

正答数 1回目 ／19問 2回目 ／19問

次の(1)〜(19)にあてはまる用語を書きなさい。

1回目 □ 2回目 □ (1) 資金供給者から資金需要者に，資金を融通すること。（　　）

(2) (1)をサービスとして提供する事業。（　　）

(3) (1)のうち，資金供給者から資金需要者への融通が直接的に結びついているもの。（　　）

(4) (1)のうち，資金供給者から資金需要者への融通が間接的に結びついているもの。（　　）

(5) 余裕資金を預かり，一定の利息を預金者に支払う業務。（　　）

(6) 資金を融通して，一定の利息を受け取る業務。（　　）

(7) 銀行において，受け取る利息と支払う利息の差で銀行の収益となる。（　　）

(8) 企業間などの資金のやり取りを仲介する業務。（　　）

(9) 保険事業を営む者。保険会社がこれにあたる。（　　）

(10) (9)と保険契約を結び，保険料を支払うもの。（　　）

(11) 保険の対象となるもの。または，対象となる財産を持つ者。（　　）

(12) 民間の保険会社が扱う保険。（　　）

(13) 国や地方公共団体が政策を遂行するための保険。（　　）

(14) 主に人の生死を保険の対象とした保険。（　　）

(15) 財産を対象とした保険。火災保険や自動車保険が含まれる。（　　）

(16) ITを駆使した金融サービスを意味する造語。（　　）

(17) 「ICTの浸透が人々の生活をあらゆる面で良い方向に変化させること」を表した言葉。（　　）

(18) 人間の知的活動をコンピュータによっても同じように行わせるための技術。（　　）

(19) インターネットと接続されていて，スマートフォンで操作できる家電。（　　）

1節 ビジネスと企業(1)

教科書 p.114〜118

要点整理

正答数　／18問

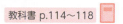

教科書の内容についてまとめた次の文章の(　　)にあてはまる語句を書きなさい。

1 企業とは

教科書 p.114〜118

Check!

企業は，原材料や商品を仕入れて，加工したりサービスを付加したりすることで(①　　　　)をつけ，顧客にとって価値あるものを提供することを主たる役割としている。さらに，雇用や納税などの役割も持っている。企業はこのような役割を果たすために成長し，存続しなければならない。また，いまある商品を改善するだけでなく，(②　　　　)によって新たなビジネスを創造することも重要な役割である。

企業を運営することを(③　　　　)あるいはマネジメントという。(③)に必要な四つに分類される資源を(④　　　　)という。(④)のうち，人材を(⑤　　　　)という。また，モノとは，製品やサービスを(⑥　　　　)するために必要な原材料や設備，機械などをいう。(⑦　　　　)とは，企業が原材料を仕入れたり，従業員を雇用したりするなど，活動するために必要な資金をいう。情報とは，顧客や競合他社の情報に加え，独自の技術や特許といった(⑧　　　　)などのこともいう。

私企業は個人事業主と法人に分けられる。法人の一般的な形態は株式を発行して株主から出資を得る(⑨　　　　)である。(⑨)の機関には，最高の意思決定機関である(⑩　　　　)や，取締役，(⑪　　　　)，(⑫　　　　)などがある。(⑪)は，三人以上の取締役によって構成され，業務執行の方針を決定し，その執行を監督する機関である。(⑨)の業務の執行は，代表取締役や業務担当の(⑬　　　　)が行う。(⑫)は，業務執行や会計処理が適正に行われているかどうかをチェックする機関である。なお，会社の規模が大きくなるにつれ，株主と経営者が別々の人になる傾向を(⑭　　　　)の分離または所有と経営の分離という。

企業が不正を行わないためには，(⑮　　　　)を持った活動をする必要がある。このほか，法律や商慣習などを守らなければならない。これを(⑯　　　　)といい，日本語では「法令遵守」と訳される。こうしたことに加え，安心や安全を推進したり，環境問題に取り組んだりするなど，(⑰　　　　)(CSR)を果たすことが求められている。

また，経営層が間違った決断をしないようにするためには，企業の経営がきちんとされているかをチェックする仕組みである（⑱　　　　　　　　　　）（企業統治）を整えることも重要である。

▶Step 問題

正答数　　／13問

1 次の各文の下線部が正しい場合は○を，誤っている場合は正しい語句を書きなさい。

⑴　個人や民間の組織が出資して経営する企業を<u>公企業</u>という。

⑵　法人の事業目的や名前，所在地など法人の基本事項を記載したものを<u>定款</u>という。

⑶　合名会社，合資会社，合同会社を総称して<u>株式会社</u>という。

⑷　企業が倒産した場合，出資額だけではなく，私財を投げ出して負う責任を<u>無限責任</u>という。

⑸　企業活動によって安全や安心を推進したり，環境問題に取り組んだりすることなどを企業の<u>ステークホルダー</u>という。

⑹　<u>協同組合</u>は，個人や比較的小規模な事業者が，共通の目的のために，自主的に集まって，相互扶助の精神で営利を目的としない事業を行う企業である。

⑴		⑵		⑶	
⑷		⑸		⑹	

2 株式会社に関する次の問いに答えなさい。

⑴　株式会社が資金を得るために発行するものは何か。漢字二文字で書きなさい。

⑵　会社が倒産した場合，株主は出資額を限度として，責任を負う。このような株主の責任の名称を何というか，漢字四文字で書きなさい。

⑴			⑵				

3 p.114を参考に，次の事例においてA～Cのそれぞれが生み出した付加価値と，事例全体の付加価値を計算しなさい。ただし，事例に示されていないことは，無視すること。

<u>事例</u>　小麦農家のAは100万円の小麦を生産し，それを製粉業者のBに販売した。Bはその小麦を製粉加工して小麦粉を作り，それを製パン業者Cに150万円で販売した。Cはその小麦粉からパンを製造して消費者のDに230万円で販売した。

A		B	
C		全体	

5章 企業活動の基礎

1節 ビジネスと企業(2)

教科書 p.119〜123

要点整理

正答数　／12問

教科書の内容についてまとめた次の文章の（　　）にあてはまる語句を書きなさい。

2 経営組織の種類と運営

教科書 p.119〜120

Check!

企業が成長すると，分業する必要が出てくる。分業の方法には，仕事の内容で分ける方法と事業で分ける方法があり，それに合わせて（①　　　　　　）や（②　　　　　　）が形成される。（①）は，製造，営業などといった，仕事の内容で分けられた組織をいい，（②）は，生産している製品やサービス，地域などで分けられた組織をいう。組織は，企業を買収する，海外に進出する，新製品を開発するといった決断を行うが，こうした決断を（③　　　　　　）という。組織のリーダーが適切で明確な（③）を行うことで，組織のメンバーは統一された目標に向かって，迷わず仕事を進めることができる。また，部下のやる気を引き出すのもリーダーの重要な役割である。このやる気のことを（④　　　　　　）という。

3 経営戦略

教科書 p.121〜122

Check!

経営戦略には，（⑤　　　　　　）と（⑥　　　　　　）がある。（⑤）は，個々の事業の目標を達成するための戦略をいい，（⑥）は，すべての事業を組み合わせて全社での目標を達成するための戦略をいう。

企業は，自社の強みを発揮したり，他社にはない独自性をつくったりすることで，ライバル企業との競争を有利に進めて目標を達成するために（⑦　　　　　　）を確保しようと，（⑤）を策定する。（⑤）の方向性は，二つに分けることができる。品質や（⑧　　　　　　）で商品を差別化する方向と，コストを抑えることで，商品の販売価格を他社より下げ，安さで差別化を図る方向がある。

ビジネスによる収益を持続的に得るための仕組みを（⑨　　　　　　）という。近年では，（⑩　　　　　　）と呼ばれる，定額制の（⑨）が増えている。

4 プロジェクト・マネジメント

教科書 p.122〜123

Check!

組織を運営するには，仕事を適切に管理しなければならない。特定の目標を実現するために期限を区切って遂行する（⑪　　　　　　）と呼ばれる仕事においては特に，管理が必要である。（⑪）には，期限や使える経営資源に制限があるため，日程を管理し，経営資源を適切な部署や時期に投入するなど（⑫　　　　　　）を適切に行う必要がある。

▶Step問題

正答数　　／10問

1 次の各文の下線部が正しい場合は○を，誤っている場合は正しい語句を書きなさい。

(1) 人をまとめたり，組織を先導したりする影響力のことをモチベーションという。

(2) 外発的動機付けは，責任ある仕事を割り振る，新しい仕事を任せるなど，好奇心を刺激する環境を整えることによって高めることが可能であり，一度高まると長時間維持されるという特徴がある。

(3) 適切な意思決定を行うためには，企業の基本的な活動方針である定款を共有する必要がある。

(4) 生産規模の拡大により生産コストが安く抑えられることを規模の経済という。

(5) 事業部制組織では，事業ごとに独立採算制がとられることが多い。

(6) ライバル企業に勝つためには，商品やコストで差をつけたり，新たなビジネスの仕組みをつくったりすることで違いを生み出す全社戦略が必要である。

(1)		(2)		(3)	
(4)		(5)		(6)	

2 右の図は「PDCAサイクル」をあらわしたものである。①〜③にあてはまる語句を次のア〜ウの中から一つずつ選び，記号で答えなさい。

ア　評価(Check)

イ　改善(Act)

ウ　実行(Do)

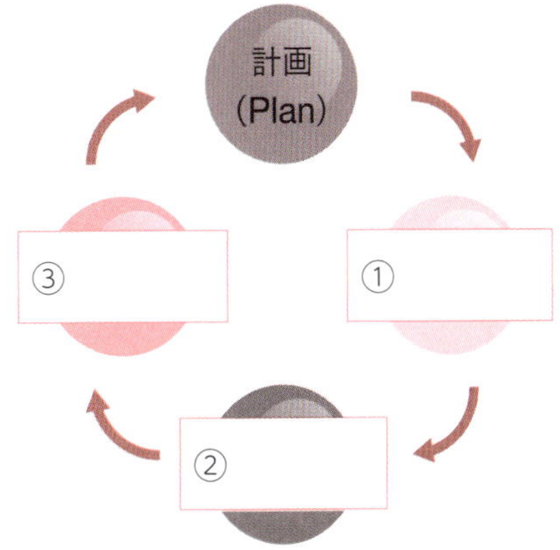

3 外発的動機付けの例を一つあげなさい。 

2節 マーケティングの重要性

教科書 p.124～125

要点整理

正答数 ／5問

教科書の内容についてまとめた次の文章の（　）にあてはまる語句を書きなさい。

1 マーケティングとは

教科書 p.124

Check!

製品やサービスが「売れる仕組みをつくること」を（①　　　　　　　　）という。

企業は，自社が生産した製品やサービスを消費者に選んでもらうため，（②　　　　　　　　）を満たす製品やサービスを開発，提供し，（③　　　　　　　　）を実現することが必要となる。

2 マーケティングの手順

教科書 p.124～125

Check!

マーケティングでは，まず（④　　　　　　　　）を行い，次に製品，価格，流通，プロモーションという四つの要素の組み合わせである（⑤　　　　　　　　）について検討する。

Step問題

正答数 ／4問

1 次の各文の下線部が正しい場合は○を，誤っている場合は正しい語句を書きなさい。

(1) マーケティング･ミックスにおける<u>流通政策</u>では，どのように製品やサービスを知ってもらえるのかを決める。

(2) <u>消費者ニーズ</u>が高いほど，くり返し購買してくれるリピーターになってくれたり，企業の良いイメージを口コミなどで広めてくれたりする可能性が高くなる。

(3) <u>価格政策</u>では，どのような製品やサービスを生産して提供するのかを決める。

(4) 製品政策，価格政策，流通政策，プロモーション政策という四つの政策を合わせて<u>4P政策</u>という。

(1)		(2)	
(3)		(4)	

3節 資金調達

教科書 p.126〜129 

要点整理

正答数 ／10問

教科書の内容についてまとめた次の文章の(　　)にあてはまる語句を書きなさい。

1 資金と資金調達

教科書 p.126

Check!

ビジネスにおける資金は，主に(①　　　　)資金と(②　　　　)資金に分けられる。(①)資金とは，商品の仕入れや手形代金の支払い，水道光熱費や給料の支払いなど，日常の業務に必要な資金のことである。(②)資金とは，土地，工場などの建物，機械装置などの生産(②)の購入に必要な資金のことである。これらの資金をそれぞれの目的のために用意することを資金調達という。

2 資金調達の方法

教科書 p.127〜129

Check!

企業の外部から資金調達を行う代表的方法として，金融機関からの借り入れ，(③　　　　)の発行，(④　　　　)の発行がある。金融機関からの借り入れによる資金調達と(③)の発行による資金調達は，どちらも返済しなくてはならないが，(③)の発行は，多数の(⑤　　　　)からの資金調達である点に特徴がある。また，(④)の発行による資金調達では，返済の必要がなく，資金を広く集められるという利点がある。

3 資金調達に伴う責任

教科書 p.129

Check!

企業が調達した資金は，元々は金融機関や投資家など他人が出してくれたお金である。そのため，企業には，そのお金がどうなっているか，またはどうなったかを調達先に説明し，安心させるという(⑥　　　　)がある。さらに資金調達の決定後には，契約どおりに償還するという(⑦　　　　)を滞りなく果たさなくてはならない。なお，株式の発行による場合，発行会社に(⑦)はないが，株主から受託した金銭などを適切に管理，保全，運用するという(⑧　　　　)がある。さらに，その管理，保全，運用の状況と結果を株主などに説明する(⑨　　　　)もある。(⑨)はアカウンタビリティともいわれ，広く(⑥)という意味で用いられることもある。また，(⑨)は取引の証拠書類などに基づく会計帳簿の記録から作成した(⑩　　　　)によって果たされる。

▶Step 問題

正答数　　／8問

1 **次の各文の下線部が正しい場合は○を，誤っている場合は正しい語句を書きなさい。**

(1)　株式譲渡の制限をしていた会社が，新たな資金調達や会社の知名度向上などのために，証券取引所に自社の株式を上場することを株式公開という。

(2)　配当金や社債の利子収入など，資産を保有することによって得られる収入をキャピタルゲインという。

(3)　自分のアイディアや製品などをインターネット上に公開し，不特定多数の人から資金調達する方法をインターネットバンキングという。

(4)　調達した資金がどうなっているのか，またはどうなったかなどを調達先に説明して安心させる責任を資金調達に伴う返済責任という。

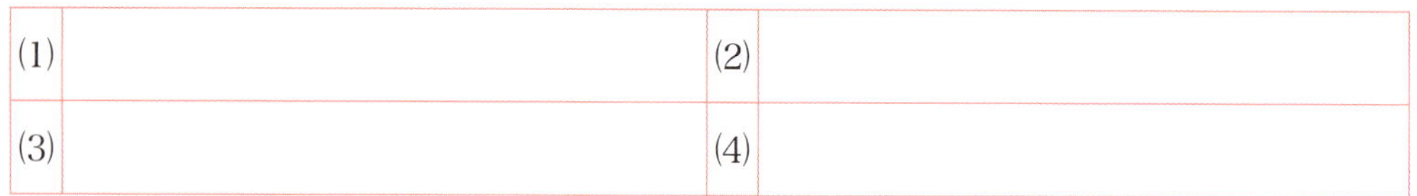

(1)		(2)	
(3)		(4)	

2 **下のイラストは「社債の発行による資金調達」と「株式の発行による資金調達」をあらわしたものである。①～③にあてはまる語句を下のア～ウの中から一つずつ選び，記号で答えなさい。なお，同じ選択肢を２度使用してもよい。**

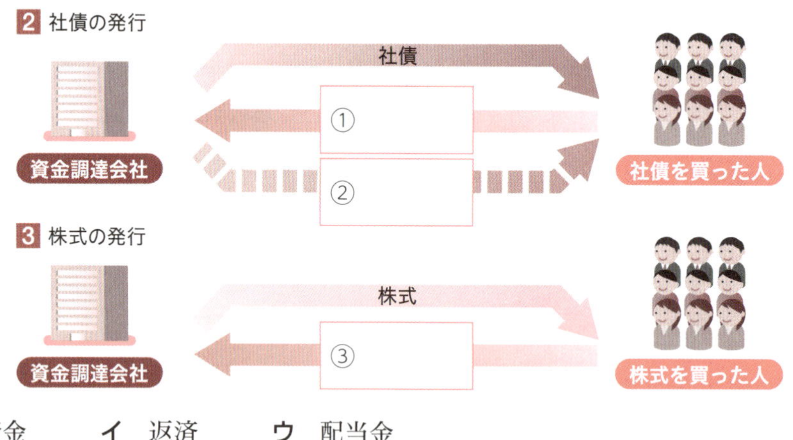

ア　資金　　　イ　返済　　　ウ　配当金

3 **株式会社が株式の発行により，株主から受け取った金銭などについて負う責任を簡潔に説明しなさい。**

4節 財務諸表の役割

教科書 p.130〜131

要点整理

正答数 ／6問

教科書の内容についてまとめた次の文章の（　　）にあてはまる語句を書きなさい。

1 財務諸表とは

教科書 p.130

Check!

企業は，貸借対照表や損益計算書などの（①　　　　　　　）によって，株主や債権者，国や地方公共団体，従業員や消費者などの（②　　　　　　　）に対して，自社に関する情報を開示して社会的責任を果たさなくてはいけない。（①）は，その信頼性を高めるために公認会計士などによる（③　　　　　）を受ける。

2 利害調整

教科書 p.130〜131

Check!

利害関係者の間には，しばしば利害の対立が生じる。例えば，多額の配当を望む（④　　　　　）と債権の返済を望む債権者の間である。企業がこのような利害の対立を，財務諸表によってできるだけ解消させようとする働きを（⑤　　　　　　　）という。

3 情報提供

教科書 p.131

Check!

企業の投資先の決定において，財務諸表は有用な（⑥　　　　　　　　　　）を提供する。

▶Step 問題

正答数 ／3問

1 次の各文の下線部が正しい場合は○を，誤っている場合は正しい語句を書きなさい。

(1) 企業の周りには，株主や債権者，国や地方公共団体，従業員や消費者などさまざまな<u>職能別組織</u>が存在している。

(2) 従来からある金融商品をもとに，新たにつくり出された金融派生商品を<u>デリバティブ</u>という。

(1)		(2)	

2 株式会社で株主への配当が過大に行われた場合を想定して，株主と債権者の間でどのような利害の対立が生じるかその理由も含めて説明しなさい。

（　　　　　　　　　　）

5節 企業活動と税

教科書 p.132〜133

要点整理

正答数 ／6問

教科書の内容についてまとめた次の文章の(　　)にあてはまる語句を書きなさい。

1 税の役割と種類

教科書 p.132〜133

Check!

税は国に納める国税と地方公共団体に納める(①　　　　　　)に分けられる。また，税額が大きい税は，所得税，(②　　　　　　)，(③　　　　　　)である。

(②)とは，法人の一事業年度における事業活動により生じた(④　　　　　　)(所得)に課せられる税金である。(③)は，ものの販売やサービスの提供に対して課せられる税金である。

2 税の申告と納付

教科書 p.133

Check!

税の申告と納付の方法には，納税者が所得の金額と税額を自分で計算して申告し，納税する(⑤　　　　　　)方式と，地方公共団体からの通知に従って納税する(⑥　　　　　　)方式がある。

▶Step 問題

正答数 ／8問

1 次の各文の下線部が正しい場合は○を，誤っている場合は正しい語句を書きなさい。

(1) 消費税のように税の負担する人と税を納める人が異なる税を<u>直接税</u>という。

(2) 法人税は，決算でその事業年度の当期純利益を計算し，これを基に法人税額を計算して納付するので，<u>賦課課税方式</u>である。

(1)		(2)	

2 次のA商品と消費税(税率10%)に関する資料を読んで，あとの問いに答えなさい。

<u>資料</u>　①製造業者は卸売業者へA商品を¥*11,000*(税込み)で販売し，②卸売業者は小売業者へA商品を¥*22,000*(税込み)で販売し，③小売業者は消費者へA商品を¥*33,000*(税込み)で販売した。

(1) 卸売業者が製造業者に支払った消費税はいくらか。　¥(　　　　　　)

(2) 製造業者が納付する消費税はいくらか。　¥(　　　　　　)

(3) 小売業者が卸売業者に支払った消費税はいくらか。　¥(　　　　　　)

(4) 卸売業者が納付する消費税はいくらか。　¥(　　　　　　)

(5) 消費者が小売業者に支払った消費税はいくらか。　¥(　　　　　　)

(6) 小売業者が納付する消費税はいくらか。　¥(　　　　　　)

6節 雇用

教科書 p.134〜140

要点整理

正答数 ／18問

教科書の内容についてまとめた次の文章の(　　)にあてはまる語句を書きなさい。

1 雇用の意義

教科書 p.134

Check!

従業員が労働力を提供する代わりに，企業が賃金を支払うことで，両者の間に(①　　　　)契約という取引が成り立つ。人々は(①)されることにより，生活に必要な収入を得ることができ，社会保障を受けられる。企業が(①)を維持，創出することは，人々の生活を安定させ，社会全体を安全で豊かにする。反対に，不況になり(②　　　　　　　　)が上がると，人々は不安感におそわれ，社会全体が不安定な状況になりかねない。日本は総人口に占める65歳以上の人の割合が21％を超えた(③　　　　　　　　　　)を迎え，深刻な労働力不足が見込まれる。一方で，従来人間が行っていた仕事の一部をAIにおきかえる動きも進んでいる。そのようななかで，支払う賃金に見合う貢献ができる従業員を確保していくことが企業の課題となっている。

2 日本における雇用の特徴

教科書 p.135〜136

Check!

日本の企業の多くは，毎年４月に新卒者を定期採用し，一度採用した(④　　　　　　　　)を定年まで雇用する，(⑤　　　　　　　　　　)を行ってきた。しかし，1990年代前半のバブル経済崩壊後，企業で人員削減などの(⑥　　　　　　　　　　)が行われるようになり，業績の変化に対応しやすい(⑦　　　　　　　　)雇用や転職者の雇用がさまざまな業種で積極的に行われるようになった。

従来の(⑤)を前提とした賃金制度は，結果として年齢とともに賃金が上がっていく(⑧　　　　　　　　　　)賃金制度であった。しかし，この賃金制度では，企業の業績が上がらない場合，人件費の負担が大きくなるため，職務によって賃金が決まる(⑨　　　　　　　　)制度や，仕事の成果や業績に基づいて給料を決める(⑩　　　　　　　　　)賃金制度を採用する企業が出てきた。(④)を前提とした日本の労働組合は，(⑪　　　　　　　　)労働組合が一般的で，協調的な労使関係を築いてきた。

3 さまざまな雇用形態

教科書 p.137〜138

Check!

日本の雇用形態は，正規雇用と(⑫　　　　　　　　　　)雇用に大きく分けられる。

(⑫)雇用のうち，(⑬　　　　　　　　　)社員は，数か月や一年など期間を定めた雇用契約を企業と結び，業務に従事する労働者のことをいう。(⑫)雇用のうち，一週間の所定労働時間が正社員に比べて短い労働者を(⑭　　　　　　　　　　　　　　　　)という。

賃金は，時間給制や日給制が多く，正社員や(⑬)社員に比べ低くなる傾向がある。(⑫)雇用のうち，(⑮　　　　)社員は，(⑮)会社と雇用契約を結び，(⑮)先企業に(⑮)されて働く労働者をいう。

4 雇用に伴う企業の責任

教科書 p.139〜140

Check!

企業は，安定的な雇用が第一の責任であるが，社会保険料の企業負担など法律によって企業に義務付けられている(⑯　　　　)制度や，雇用に関する法規の遵守などの責任がある。

また，働き方の見直しなどを通じて，従業員が意欲を持って働きながら，同時に豊かな生活も送れるようにする(⑰　　　　)を推進する必要もある。企業で働く人には，さまざまな人がいる。そうした状況では(⑱　　　　)を受け入れて，たがいを尊重し，それぞれに合った仕事を割り当て，生産性を高める職場づくりをしなければならない。

▶Step 問題

正答数　　／10問

1 次の各文の下線部が正しい場合は○を，誤っている場合は正しい語句を書きなさい。

(1) 契約社員，パートタイム労働者，派遣社員は<u>正規雇用</u>に分類される。

(2) 業績が良いときに雇いやすく，業績が悪ければ人員整理しやすい<u>非正規雇用</u>は，企業主体の雇用形態である。

(3) 団結権，団体交渉権，団体行動権の労働三権を保障するための法は<u>労働関係調整法</u>である。

(4) 期間社員，期間従業員，準社員，嘱託などの呼び名が，<u>契約社員</u>をさす場合もある。

(5) 2020年4月1日施行のパートタイム・有期雇用労働法によって，合理的な理由がない場合は，正社員と非正規雇用労働者で給与などに差をつけることを原則禁止とする<u>男女雇用機会均等</u>が義務付けられた。

(6) 会社に通わずに，ICTを利用した場所や時間にとらわれない働き方を<u>ダイバーシティ</u>という。

(1)		(2)	
(3)		(4)	
(5)		(6)	

2 下のイラストは「派遣社員の仕組み」をあらわしたものである。①〜③にあてはまる語句を下のア〜ウの中から一つずつ選び，記号で答えなさい。

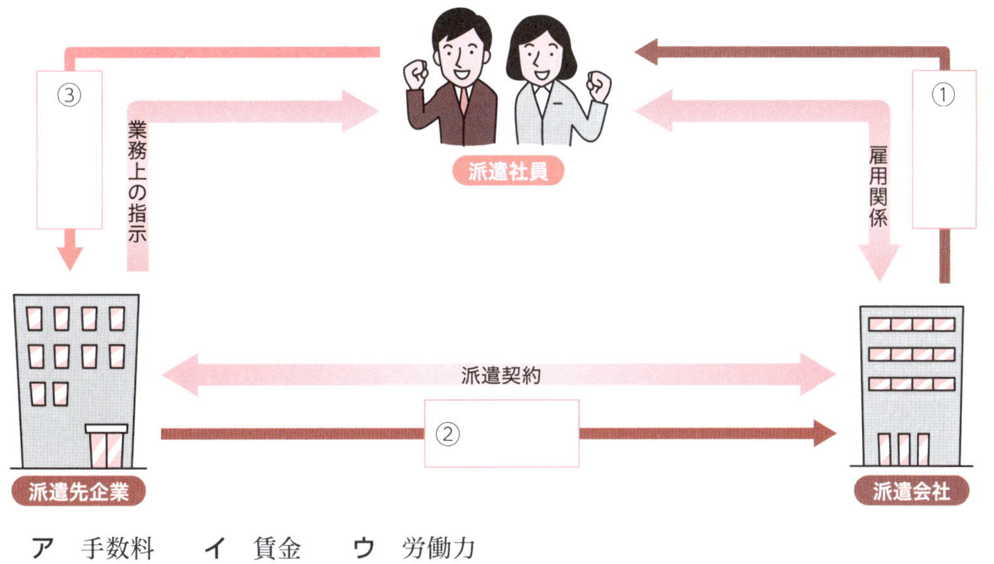

ア　手数料　　イ　賃金　　ウ　労働力

3 下の図は「正社員と非正規雇用労働者の推移」と「雇用形態と年齢別賃金」を示したものである。これによると1990年の非正規雇用労働者の割合は20.2%であったが，2022年では，その割合は36.9%となっている。割合が大きくなった理由を「人員整理」と「賃金」という語を用いて説明しなさい。

▼正社員と非正規労働者の推移

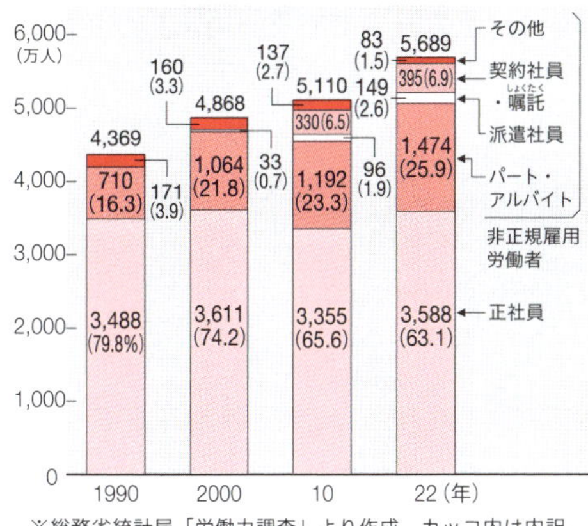

※総務省統計局「労働力調査」より作成。カッコ内は内訳。

▼雇用形態と年齢別賃金

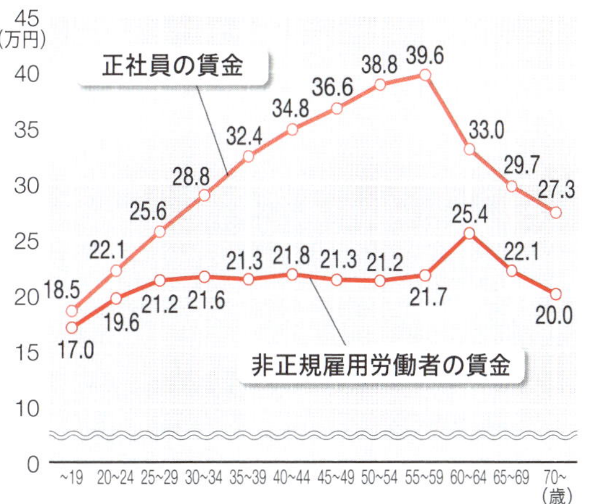

※厚生労働省「賃金構造基本統計」より作成。2022 年。

◆探究問題 1

●参照：p.60～62／2 生産要素と希少性　p.115～118／1 企業とは

1 経営資源の一つである「ヒト」とは人材を意味する。⑴この人材であるヒトを「上手に運用する」とは，どういう意味か，あなたの直感で答えてみよう。また，⑵新入社員を人材として育てるためにはどうしたらよいか考えてみよう。

⑴

⑵

2 経営資源の一つである「モノ」とは原材料や設備，機械などを意味する。経営資源の「モノ」には「希少性」があるため，これを「上手に運用する」ことは重要な課題である。しかし，「上手に運用する」だけでなく，特に機械や設備などについては，経営資源としてのその価値を飛躍的に高める方法がある。⑴それは何かを述べ，⑵その方法が近年，採用されることが少ない理由を考えてみよう。

⑴

⑵

3 経営資源と生産要素は重なる部分が多いが，経営資源の一つである「カネ」が生産要素のなかにないのはなぜか。その理由を考えてみよう。

4 経営資源の一つである「情報」には独自の技術や特許などの知的財産が含まれるが，新しい技術や特許を得るためにはどういうことをする必要があるか考えてみよう。

◆探究問題 2

●参照：p.135～138／2 日本における雇用の特徴

1 非正規雇用の一つである「派遣社員」の増加のプロセスは，派遣労働者に対する労働規制の緩和に関連しています。1980年代から今日までの派遣労働の規制緩和のプロセスを調べてみよう。

2 p.65のグラフにあるとおり，正社員の割合が減り，非正規の労働者の割合が増えている理由を，1990年代後半から今日までの経済情勢を踏まえて考えてみよう。

3 教科書p.136のコラムでは，「高齢者の積極雇用」の現状を紹介しています。高年齢者雇用安定法のおかげで高齢者でも働ける機会が増えたことがわかるが，なぜ高年齢者雇用安定法を定めてまで高齢者を積極雇用する必要があるのか，その理由を考えてみよう。

4 次の(1)，(2)を調べ，そこからどんなことがわかるかを書いてみよう。

(1) 1990年代後半からの平均賃金の推移

(2) 2012年からの正規・非正規別雇用の民間給与の平均

(1)

(2)

重要用語の確認 1

正答数 1回目 ／21問 2回目 ／21問

次の(1)〜(21)にあてはまる用語を書きなさい。

1回目 2回目

(1) ものやサービスを生産したり提供したりすることを通じて利益の獲得を目指す組織のこと。( )

(2) 原材料や商品を仕入れて，加工したりサービスを付加したりして，新たに付け加えた価値のこと。( )

(3) 新しい技術やアイディアで，価値を創造する革新のこと。( )

(4) 企業の経営に必要なヒト，モノ，カネ，情報という四つの資源の総称。( )

(5) 個人や民間の組織が出資して経営する企業のこと。( )

(6) (5)のうち，利益の獲得を目指して活動する企業のこと。( )

(7) 法律によって人とみなされ，権利を行使したり，義務を果たしたりすることができる集団。( )

(8) 株式を発行して経営に必要な資金を得る企業。( )

(9) (8)の出資者。( )

(10) (7)を成立する際に必要となる会社の事業目的や商号など基本的事項を記載した文書。( )

(11) (8)の最高の意思決定機関。( )

(12) 三人以上の取締役によって構成され，業務執行の方針を決定し，その執行を監督する(8)の機関。( )

(13) 業務執行や会計処理が適正に行われているのかどうかをチェックする(8)の機関。( )

(14) 会社の規模が大きくなるにつれ，株主と経営者が別々の人になる傾向のこと。( )

(15) 合名会社，合資会社，合同会社の総称。( )

(16) 個人や比較的小規模な事業者が，共通の目的のために自主的に集まって，組合員の相互扶助の精神で営利を目的としない事業を行う企業。( )

(17) 倒産した企業の出資者が，出資額だけでなく，それを超えて責任を負うこと。( )

(18) 倒産した企業の出資者が，出資額を限度として責任を負うこと。( )

(19) 企業が持つべき良心や誠実さのこと。( )

(20) 企業活動によって利益を得たり損害を受けたりする人々や組織のこと。( )

(21) 企業が法律や社会的な倫理，商慣習などを守ること。法令遵守。( )

■重要用語の確認 2

正答数 1回目 ／18問 2回目 ／18問

次の(1)〜(18)にあてはまる用語を書きなさい。

1回目 2回目

□□(1) 経営層が間違った決断をしないようにするために，取締役会や株主などがチェックする仕組み。企業統治。
（ ）

□□(2) 仕事の内容で分けられた組織形態。
（ ）

□□(3) 生産している製品やサービス，地域などで分けられた組織形態。
（ ）

□□(4) 人をまとめたり，組織を先導して部下がついてくるようにしたりする影響力のこと。（ ）

□□(5) 企業の基本的な活動方針。
（ ）

□□(6) 組織における仕事上のやる気のこと。（ ）

□□(7) ビジネスによる収益を持続的に得るための仕組み。
（ ）

□□(8) 定額制で使い放題というサービスを提供する(7)。
（ ）

□□(9) 仕事をより適切に進めるために計画(Plan)，実行(Do)，評価(Check)，改善(Act)をくり返すこと。
（ ）

□□(10) 製品やサービスが売れる仕組みをつくること。
（ ）

□□(11) (10)で検討される，製品，価格，流通，プロモーションという四つの要素の組み合わせ。
（ ）

□□(12) 日常の業務に必要な資金。
（ ）

□□(13) 長期間にわたり利用する生産設備の購入に必要な資金。
（ ）

□□(14) 証券取引所に自社の株式を上場すること。
（ ）

□□(15) 法人の一事業年度における事業活動により生じた利益に課せられる国税。
（ ）

□□(16) ものの販売やサービスの提供に対して課せられる税金。
（ ）

□□(17) 納税者が所得の金額と税額を自分で計算して申告し，納税する方式。
（ ）

□□(18) 地方公共団体が課税額などを納税者に通知し，その通知に従って納税する方式。
（ ）

▲アプリはこちらから

アプリでほかの問題にもチャレンジしてみよう！

■重要用語の確認 3

正答数　1回目　／15問　2回目　／15問

次の(1)～(15)にあてはまる用語を書きなさい。

1回目□ 2回目□ (1) 労働力人口に占める完全失業者の割合。（　　　）

□□(2) 総人口に占める65歳以上の割合が21%を超えた社会。（　　　）

□□(3) 一度採用した正社員を，雇用期間を定めず定年まで雇用する形態。（　　　）

□□(4) 本来は事業の再構築のことだが，日本では，収益改善のための合理化策をさすことが多い。（　　　）

□□(5) 業務上の役割を果たす能力のこと。（　　　）

□□(6) 結果として年齢とともに賃金が上がっていく終身雇用を前提とした賃金制度。（　　　）

□□(7) 年齢や勤続年数ではなく，仕事の成果や業績に基づいて社員の給料を決める賃金制度。（　　　）

□□(8) 労働条件の維持，改善を目指して，労働者が組織する団体。（　　　）

□□(9) 期間を定めた雇用契約を企業と結び，業務に従事する非正規雇用の労働者のこと。（　　　）

□□(10) 一週間の所定労働時間が正社員に比べて短く，時間給制や日給制で働く非正規雇用の労働者のこと。（　　　）

□□(11) 派遣会社と雇用契約を結び，派遣先企業に派遣されて働く非正規雇用の労働者のこと。（　　　）

□□(12) 従業員の総合福祉や労働意欲の向上のために，賃金とは別に，企業が行う施策。（　　　）

□□(13) 一人ひとりが意欲を持って働きながら，同時に豊かな生活も送れるようにしようという考え方。（　　　）

□□(14) 性別や国籍，雇用形態などの異なるさまざまな人々がいる多様な状況のこと。（　　　）

□□(15) ICTを利用した場所や時間にとらわれない働き方。（　　　）

1節 売買取引の手順

教科書 p.142~149

要点整理

正答数 ／18問

教科書の内容についてまとめた次の文章の(　)にあてはまる語句を書きなさい。

1 売買契約とは

教科書 p.142~143

Check!

買い手が購入の申し込みをし，売り手がそれを承諾すると，(①　　　)の締結となる。買い手が代金の支払いをし，売り手が品物を引き渡すと，(①)の(②　　　)となる。

2 売買契約条件の取り決め

教科書 p.143~145

Check!

企業間取引において商品の品質を確認する方法として，見本により確認する方法，商標や，産地名などの(③　　　)により確認する方法，仕様書やカタログなどにより確認する方法などが採用される。

取引数量の単位には，個，台，枚，ダースなど個数によるものと，グラム，メートルなど計量単位である(④　　　)によるものがある。

商品の価格は，一定の慣習的な取引単位である(⑤　　　)に基づいて決められ，その(⑤)に対する価格を(⑥　　　)という。また，商品の輸送費用と破損や盗難などによる輸送中の損害を売り手と買い手のどちらが負担するかによって決まる(⑦　　　)価格と持ち込み渡し価格がある。

商品の受け渡し方法，場所，時期なども決める必要がある。

代金決済の時期には，引き換え払い，前払い，(⑧　　　)がある。このうち，売買契約の履行を確実にするための方法が(⑨　　　)である。

3 売買契約の締結

教科書 p.146~147

Check!

売り手が，契約に先だって販売価格など取引条件の大体の計算をすることを(⑩　　　)という。(⑩)の依頼は買い手が(⑪　　　)を作成して取引条件を問い合わせることで行い，これに対して売り手は(⑫　　　)を作成して回答する。

買い手は(⑫)をみて，価格などの取引条件を検討し，納得できる条件であれば，売り手に(⑬　　　)を送付し，購入の意思を伝える。売り手は買い手に(⑭　　　)を送付し，承諾したことを伝え，売買契約が成立する。

Check!

4 売買契約の履行

教科書 p.147~149

商品の受け渡しにも必要な書類がある。商品の発送と同時に，売り手は買い手に対して商品の明細を記載した（⑮　　　　　）を送付する。買い手は，到着した商品の検収を行い，問題がなければ（⑯　　　　　）を作成し，売り手に送付する。

商品代金の受け払いに必要な書類もある。売り手は，買い手に商品代金の支払いを求める（⑰　　　　　）を送付し，買い手は，（⑰）の内容を確認して商品代金の支払いを行う。売り手は，商品代金の入金を確認したら，買い手に（⑱　　　　　）を送付する。

▶Step 問題

正答数　　／13問

1 次の各文の下線部が正しい場合は○を，誤っている場合は正しい語句を書きなさい。

⑴ 外国との取引において，船を輸送手段に使う場合，船積み港で商品を本船に積み込むまでにかかるトラック運賃などの費用を売り手が負担する価格を運賃保険料込み価格という。

⑵ 売り手は，注文を請け負ったことを買い手に伝える注文書を作成し，買い手に送付する。

⑶ 注文書の控えと商品および納品書を照合し，商品の品質と数量が注文どおりであるかを確認し，商品に破損や汚れがないかを点検する作業を見積もりという。

⑷ 外国との取引において，船を輸送手段に使う場合，本船渡し価格に海上運賃や海上保険料を加えた価格をCIF価格という。

⑸ 買い手は，代金の支払済みを証明するために，売り手から受け取った物品受領書を保管する。

⑹ 船荷証券や倉荷証券などは有価証券である。

⑺ 商品の受け渡し後，契約によって決めた回数に分けて商品代金を支払うことを，掛け払いという。

⑻ 商品の受け渡し前に，買い手から売り手に前払いされる商品代金の一部を内金という。

⑴		⑵		⑶	
⑷		⑸		⑹	
⑺		⑻			

2 下の図は「売買取引の手順」を示したものである。③，⑥，⑧，⑩に入る書類の名前を書きなさい。

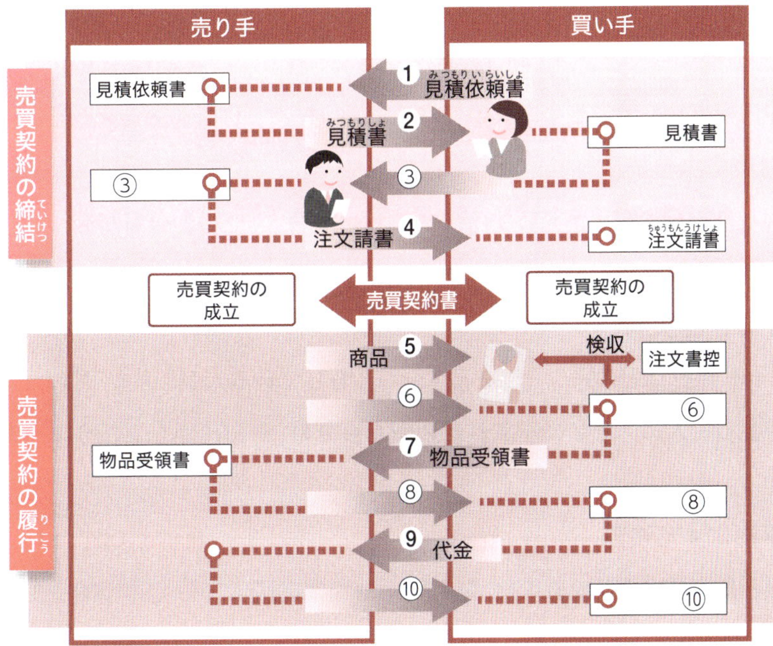

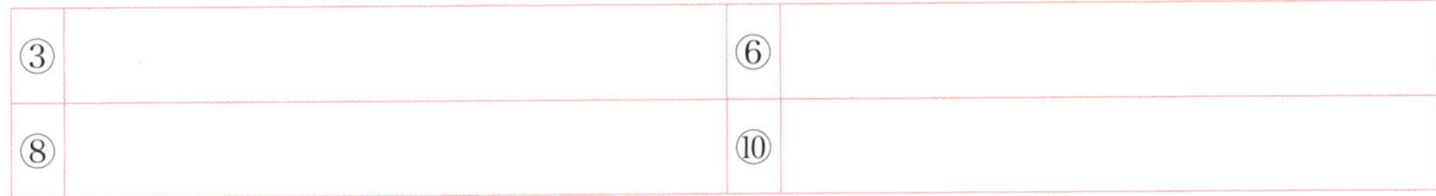

③		⑥	
⑧		⑩	

3 売買契約が成立する時点はいつか，「申し込み」と「承諾」の語を用いて説明しなさい。

2節 代金決済

教科書 p.150〜158 

要点整理

正答数　／10問

教科書の内容についてまとめた次の文章の(　　)にあてはまる語句を書きなさい。

1 現金通貨による決済

教科書 p.150

Check!

現金通貨とは，日本銀行が発行する(①　　　　　　)と政府が発行する硬貨をいい，どちらも法律によって(②　　　　　　)が与えられている。

2 小切手による決済

教科書 p.150〜152

Check!

小切手とは，銀行などに(③　　　　　　)をしている人が，その銀行などに対して，小切手を持参した人に，そこに示された金額を自分の(③)口座から支払うよう委託する証券である。

3 約束手形による決済

教科書 p.152〜154

Check!

約束手形とは，振出人が受取人(名宛人)に，一定の期日に，一定の金額を支払うことを(④　　　　　　)した証券をいう。

4 銀行振込と口座振替による決済

教科書 p.154

Check!

銀行の窓口やATMなどを利用して，相手の預金口座に送金する方法を(⑤　　　　　　)という。また，同一銀行，同一支店内の預金口座の資金移動のことを(⑥　　　　　　)といい，電気料金などの公共料金やクレジットカードなどの自動引き落としに用いられる。

5 キャッシュレス決済

教科書 p.155〜157

Check!

商品の購入代金を(⑦　　　　　　)カードによって決済する場合には，小売店などに対して(⑦)カードを提示し，サインなどを行う。後日，月単位で一定の日に(⑦)カードの名義人の預金口座から(⑦)カード会社の預金口座に，商品代金が自動的に振り替えられる。カードやスマートフォンなどにチャージ(蓄積)してある電子化されたお金である(⑧　　　　　　)で決済するときは，リーダーライターなどの専用端末にカードやスマートフォンをかざすなどすると，その瞬間，カードやスマートフォンのチャージ残高から商品代金などの金額が差し引かれる。

専用のアプリをスマートフォンにインストールするなど一定の操作を事前に行い，スマートフォンに(⑧)と同じような機能を持たせた決済手段を(⑨　　　　　　)決済という。(⑧)では，専用端末にかざすなどの方法を用いたが，(⑨)決済では，スマートフォンにより(⑩　　　　　　)コードやバーコードなどを読み取るだけで行うことができる。

▶Step問題

正答数　／10問

1 **次の各文の下線部が正しい場合は○を，誤っている場合は正しい語句を書きなさい。**

(1) 手形を他人に譲渡する手続きを償還請求という。

(2) 手形の支払期日に，支払人の当座預金が不足していると，手形は不渡りになる。

(3) 持参人払いの小切手が不正に換金されることを防ぐために自行あて小切手にする。

(4) 同一銀行，同一支店内の預金口座の資金移動のことを銀行振込という。

(5) 小切手の支払いが受けられるのは，原則として，振出日の翌日から5日以内である。

(6) 貨幣は額面金額の50倍までに使用が制限されている。

(1)		(2)		(3)	
(4)		(5)		(6)	

2 **下のイラストは「クレジットカードによる決済」を示したものである。(1)～(3)にあてはまる語句を下のア～ウの中から一つずつ選び，記号で答えなさい。**

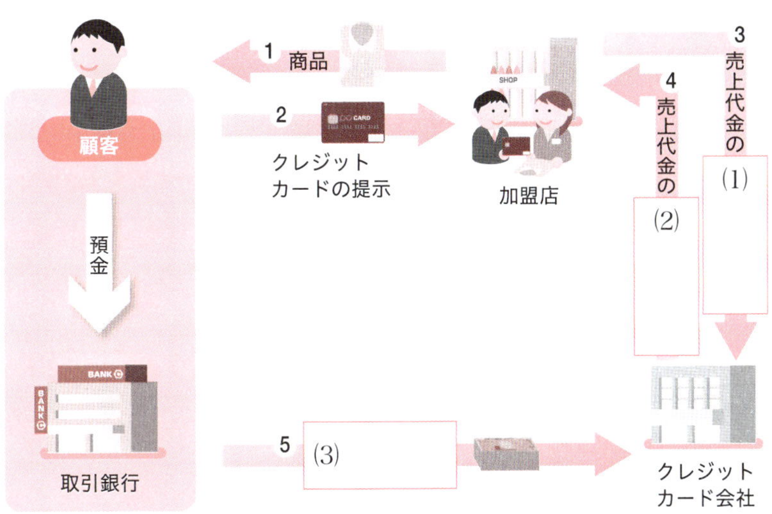

ア　口座振替　　**イ**　請　求　　**ウ**　立て替え払い

3 **小切手を用いた代金決済の利点を説明しなさい。**

◆探究問題

●参照：p.146～147／3 売買契約の締結 p.147～149／4 売買契約の履行

1 インターネットを利用する場合，見積依頼書と見積書はどのようにやり取りされているのか，事例を調べよう。その際，自分が調べた事例の業種と規模なども記録しておこう。

2 インターネットを利用する場合，注文書と注文請書はどのようにやり取りされているのか，事例を調べよう。その際，自分が調べた事例の業種と規模なども記録しておこう。

3 インターネットを利用する場合，納品書と物品受領書はどのようにやり取りされているのか，事例を調べよう。その際，自分が調べた事例の業種と規模なども記録しておこう。

4 インターネットを利用する場合，請求書と領収証はどのようにやり取りされているのか，事例を調べよう。その際，自分が調べた事例の業種と規模なども記録しておこう。

■重要用語の確認

正答数　1回目　／16問　2回目　／16問

次の(1)〜(16)にあてはまる用語を書きなさい。

1回目□ 2回目□ (1) 売買に関する約束を結ぶこと。（　　　）

(2) 売買に関する約束を実行すること。（　　　）

(3) 一定の慣習的な取引単位のこと。（　　　）

(4) (3)に対する価格のこと。（　　　）

(5) 契約に先だって販売価格など取引条件の大体の計算をすること。（　　　）

(6) 商品が到着したときに，注文書の控えと商品および納品書を照合し，商品の品質と数量が注文どおりであるか，また破損や汚れがないかを点検すること。（　　　）

(7) 日本の現金通貨が支払い手段として日本国内であればいつでも，いくらでも使用できるという意味。（　　　）

(8) 銀行などに当座預金をしている人が，その銀行などに対して，それを持参した人に，それに示された金額を自分の当座預金口座から支払うよう委託する証券。（　　　）

(9) 当座預金の残高が不足しているため，小切手や手形の支払い請求に対して，支払銀行が支払いを拒絶すること。（　　　）

(10) 前もって銀行に現金を預け，それをもとにして銀行が振出人となる小切手。（　　　）

(11) 小切手の表面に2本の平行線を引くなどして不正な換金を防ぐための小切手。（　　　）

(12) 振出人が受取人に，一定の期日に，一定の金額を支払うことを約束した証券。（　　　）

(13) 手形を他人に譲渡するために，手形の裏面に必要事項を記入したりする手続き。（　　　）

(14) 相手の預金口座に送金する決済方法。（　　　）

(15) 同一銀行，同一支店内の預金口座の資金移動のことをいい，公共料金などの自動引き落としなどに利用される決済方法。（　　　）

(16) クレジットカード・電子マネー・コード決済など現金通貨を使わない決済方法。（　　　）

▲アプリはこちらから

アプリでほかの問題にもチャレンジしてみよう！

1節 ビジネス計算の基礎

教科書 p.161〜171

要点整理

正答数　／22問

次の式の(　　)にあてはまる数値を書きなさい。

1 割合

教科書 p.161〜165

Check!

［例題］ ¥300は¥1,000の何パーセントにあたりますか？

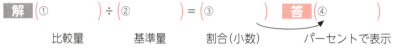

解 (①　　　) ÷ (②　　　) = (③　　　)　答 (④　　　)

比較量　基準量　割合(小数)　→ パーセントで表示

［例題］ ¥150,000の40%増しはいくらですか？

解1 (⑤　　　) + (⑤　　　) × (⑥　　　) = (⑦　　　)

基準量　基準量　割合(小数)　割増の結果

解2 (⑤　　　) × (1 + (⑥　　　)) = (⑦　　　)

基準量　割合(小数)　割増の結果

答 (⑧　　　)

2 商品の数量と代価

教科書 p.166

Check!

［例題］ 10kgにつき¥8,000の洗剤を300kg販売しました。代価はいくらになりますか？

解 (⑨　　　) × $\frac{(⑪\quad)}{(⑩\quad)}$ = (⑫　　　)　答 (⑬　　　)

建値　$\frac{\text{取引数量}}{\text{建}}$　商品の代価

3 仕入原価と売価(販売価格)

教科書 p.167〜170

Check!

［例題］ パソコンを¥400,000で仕入れ，仕入諸掛¥20,000を支払いました。このパソコンの仕入原価はいくらですか？

解 (⑭　　　) + (⑮　　　) = (⑯　　　)　答 (⑰　　　)

仕入金額　仕入諸掛　仕入原価(諸掛込原価)

［例題］ 予定売価¥600,000の応接セットを，予定売価の1割引きで販売しました。この応接セットの実売価はいくらですか？

▶Step問題

正答数　／23問

1 次の(1)〜(5)の下線部が正しい場合は○を，誤っている場合は正しい数値を書きなさい。

(1) ¥800は¥3,200の<u>40</u>パーセントである。

(2) ¥480,000の２割は¥<u>96,000</u>である。

(3) ５本につき¥600のボールペンを30本仕入れた。代価は¥<u>18,000</u>である。

(4) １台につき¥45,000のスマートフォンを10台仕入れ，仕入諸掛¥14,000を支払った。このスマートフォン10台の仕入原価は¥<u>590,000</u>である。

(5) 予定売価¥24,000のテレビを，予定売価の10%引きで販売した。実売価は¥<u>2,400</u>である。

(1)		(2)		(3)	
(4)		(5)			

2 次の(1)〜(6)の計算をしなさい。

(1) ¥940,000の87%はいくらか。

(2) ¥190,000の28%引きはいくらか。

(3) １冊につき¥260の商品を仕入れ，代価¥239,200を支払った。仕入数量は何冊であったか。

(4) １台につき¥930の商品を640台仕入れ，仕入諸掛¥24,800を支払った。諸掛込原価はいくらか。

(5) 仕入原価¥43,000のスマートフォンに，仕入原価の３割２分の利益を見込んで予定売価をつけると，予定売価はいくらか。

(6) 予定売価¥28,000のデジタルカメラを，予定売価の14%引きで販売した。値引額はいくらか。

(1)		(2)		(3)	
(4)		(5)		(6)	

3 **次の(1)〜(5)について，条件にあてはまるものにはAを，それ以外にはBを書きなさい。**

・条件…¥600になるもの

(1)　¥3,000の５割　　(2)　¥500の20%増し　　(3)　¥1,800の３割引き

(4)　１本につき¥120の飲み物を５本販売したときの代価

(5)　仕入原価¥2,000のＴシャツに，仕入原価の30%の利益を見込んで予定売価をつけたときの見込利益額

(1)		(2)		(3)		(4)		(5)	

4 **次の(1)〜(6)の計算をしなさい。**

(1)　ある金額の46%増しが¥478,880だった。ある金額はいくらか。

(2)　ある金額の１割６分引きが¥189,840だった。ある金額はいくらか。

(3)　１kgにつき¥340のコーヒー豆を480kg仕入れた。このコーヒー豆に原価の30%の利益を見込むと，見込利益額はいくらか。

(4)　仕入原価¥64,000のテレビに，仕入原価の25%の利益を見込んで予定売価をつけたが，予定売価の15%引きで販売することにした。利益額はいくらか。

(5)　仕入原価¥128,000のパソコンを販売したところ，損失額が¥10,240となった。損失額は仕入原価の何パーセントか。

(6)　10本につき¥3,200のサインペンを650本仕入れ，仕入原価の38%の利益をみて全部販売した。総売上高はいくらか。

(1)		(2)		(3)	
(4)		(5)		(6)	

5 **「未満」，「以下」，「以上」の違いについて，例をあげて説明しなさい。** 

2節 ビジネス計算の応用

教科書 p.172〜186

要点整理

正答数 ／52問

次の式の（　　）にあてはまる数値を書きなさい。

1 度量衡の換算

教科書 p.172〜173

Check!

[例題] 200ydは何メートルですか？　ただし，1yd=0.9144mとします。（メートル未満四捨五入）

解（①　　）×（②　　）＝（③　　）　答（④　　）

被換算高　換算率　換算高　条件で四捨五入

2 外国貨幣の換算

教科書 p.174

Check!

[例題] $752.50は，日本円に換算するといくらですか？　ただし，$1=¥108.20とします。（円未満四捨五入）

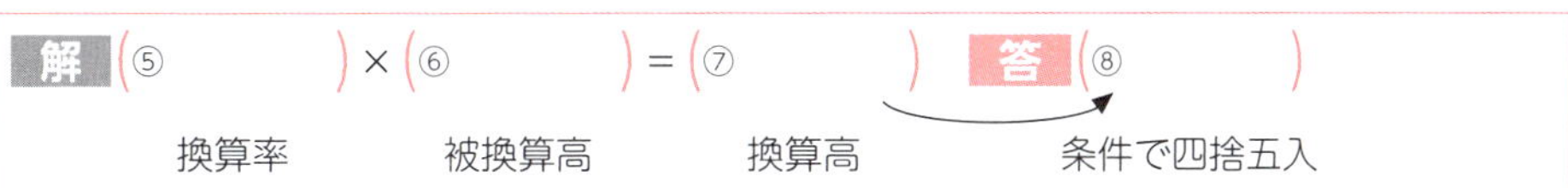
解（⑤　　）×（⑥　　）＝（⑦　　）　答（⑧　　）

換算率　被換算高　換算高　条件で四捨五入

3 利息の計算

教科書 p.175〜185

Check!

[例題] ¥500,000を年利率4.0%の単利で6か月間借りると，元利合計はいくらですか？

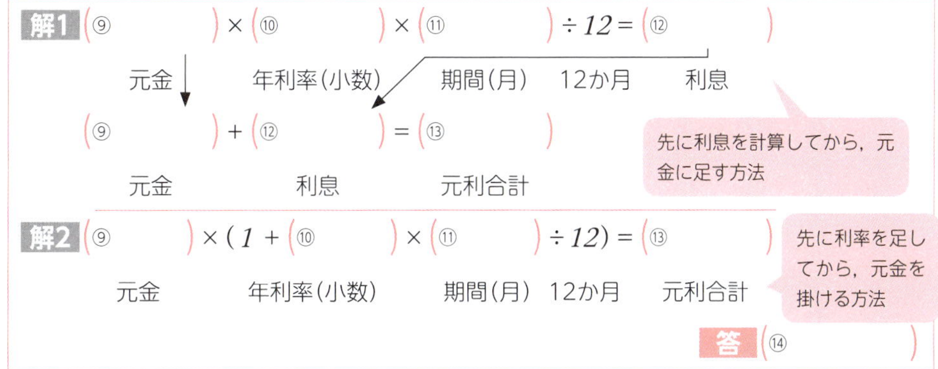
解1（⑨　　）×（⑩　　）×（⑪　　）÷12＝（⑫　　）

元金　年利率（小数）　期間（月）　12か月　利息

（⑨　　）＋（⑫　　）＝（⑬　　）

元金　利息　元利合計

先に利息を計算してから，元金に足す方法

解2（⑨　　）×（1＋（⑩　　）×（⑪　　）÷12）＝（⑬　　）

元金　年利率（小数）　期間（月）　12か月　元利合計

先に利率を足してから，元金を掛ける方法

答（⑭　　）

[例題] ¥1,000,000を年利率4.0%，1年1期の複利で3年間預け入れると，複利終価はいくらですか？

解（⑮　　）×（1＋（⑯　　））^（⑰ 期数）＝（⑱　　）

元金　年利率（小数）

答（⑲　　）

[例題] 4月25日から6月28日までの日数は何日間ですか？（片落とし）

解　4月の残りの日数：30日－（⑳　　）日＝（㉑　　）日

（㉑　　）日＋（㉒　　）日＋（㉓　　）日＝（㉔　　）日

4月の残りの日数　5月の日数　6月28日までの日数

答（㉕　　）日

[例題] 4月10日満期，額面¥5,800,000の手形を2月9日に割引率年7.6%で割り引くと，手取金はいくらですか？（平年，両端入れ，割引料の円未満切り捨て）

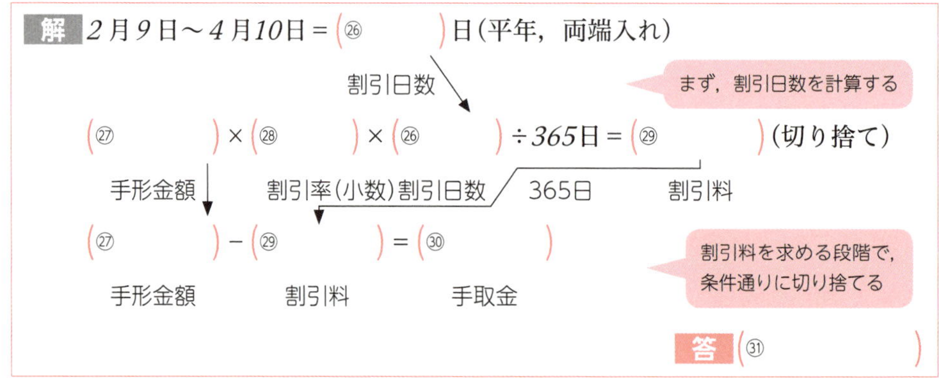

[例題] 年利率5%，1年1期の複利の場合，3年後に¥1,000,000を受け取るために，現在，預け入れるべき金額（複利原価）はいくらですか？（円未満切り上げ）

解（㉜　）×$\dfrac{1}{(1+（㉝\quad）)^{（㉞\ ）}}$＝（㉟　）　答（㊱　）

複利終価　　　　　　　　　　複利現価（現在価値）

$\dfrac{1}{(1+\text{年利率})^{\text{期間}}}$

[例題] 1株につき¥1,200の株式を10,000株買い入れました。支払総額はいくらですか？ただし，約定代金の0.15%の金額に¥4,860を加算した手数料を支払うものとします。

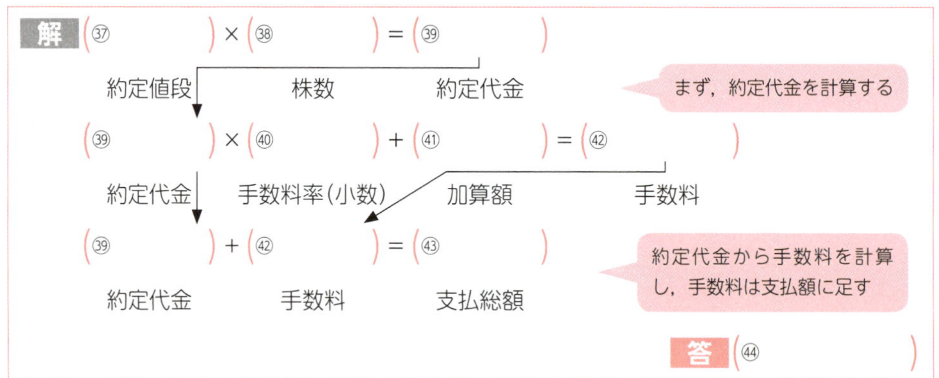

解（㊲　）×（㊳　）＝（㊴　）
約定値段
株数
約定代金
まず，約定代金を計算する
（㊴　）×（㊵　）＋（㊶　）＝（㊷　）
約定代金
手数料率（小数）
加算額
手数料
（㊴　）＋（㊷　）＝（㊸　）
約定代金
手数料
支払総額
約定代金から手数料を計算し，手数料は支払額に足す
答（㊹　）

[例題] 配当金が1株につき年¥3.50，投資したときの株価（時価）が¥286の株式の利回りは何パーセントですか？（パーセントの小数第1位未満四捨五入）

[例題] 配当金が1株につき年¥6.50，希望利回り2.3%の場合の指値はいくらですか？（円未満切り捨て）

解（㊾　）÷（㊿　）＝（51　）　答（52　）

年配当金　　希望利回り　　指値　　条件で切り捨て

▶Step問題

正答数　　／31問

1 **次の(1)〜(5)の下線部が正しい場合は○を，誤っている場合は正しい数値を書きなさい。**

(1) *$200*は*¥22,000*である。ただし，*$1=¥110*とする。

(2) *¥1,200*は*€100*である。ただし，*€1=¥120*とする。

(3) うるう年の*2*月は*29*日までである。

(4) *4*月*1*日から*5*月*10*日までの日数は，片落として*30*日である。

(5) *7*月*21*日から*9*月*3*日までの日数は，片落として*44*日，両端入れで*43*日である。

(1)		(2)		(3)	
(4)		(5)			

2 **次の(1)〜(6)の計算をしなさい。**

(1) *480m*は何ヤードか。ただし，*1yd=0.9144m*とする。（ヤード未満四捨五入）

(2) *$74.60*は日本円でいくらか。ただし，*$1=¥105.40*とする。（円未満四捨五入）

(3) *¥680,000*を年利率*1.3%*の単利で*6*か月間借りたときの利息はいくらか。

(4) *¥320,000*を年利率*2.2%*の単利で*1*年*9*か月間貸したときの，期日に受け取れる元利合計はいくらか。

(5) *8*月*12*日満期，額面*¥1,500,000*の手形を*6*月*1*日に割引率年*5.4%*で割り引くと，割引料はいくらか。（両端入れ）

(6) 翌年*3*月*9*日満期，額面*¥860,729*の手形を*12*月*12*日に割引率年*7.6%*で割り引くと，手取金はいくらか。ただし，手形金額の*¥100*未満には割引料を計算しないものとする。（平年，両端入れ，割引料の円未満切り捨て）

(1)		(2)		(3)	
(4)		(5)		(6)	

3 **次の(1)〜(5)が正しい場合は○を，誤っている場合は×を書きなさい。**

(1) 元金，年利率，期間が同じ場合，単利より複利のほうが元利合計は大きくなる。

(2) *5*月，*7*月，*9*月，*11*月はいずれも*31*日まである。

(3) 株式の買い入れの際，取引が成立した*1*株あたりの金額を約定値段という。

(4) 株式売買において，希望の株価として指定する値段を利回りという。

(5) 定期的に利息が支払われる債券を利付債券という。

(1)		(2)		(3)		(4)		(5)	

4 **次の(1)〜(6)の計算をしなさい。**

(1) *7.5*インチは何センチメートルか。ただし，*1in=2.54cm*とする。（センチメートル未満四捨五入）

(2) *¥25,000*は何ドル何セントか。ただし，*$1=¥103.80*とする。（セント未満四捨五入）

(3) *¥100,000*を年利率*3.0%*，*1*年*1*期の複利で*4*年間預け入れると，複利終価はいくらか。（円未満切り捨て）

(4) *¥300,000*を年利率*2.0%*，半年*1*期の複利で*1*年*6*か月間預け入れると，複利利息はいくらか。（円未満切り捨て）

(5) 年利率*4*%，*1*年*1*期の複利の場合，*3*年後に*¥600,000*を受け取るために，現在，預け入れるべき金額（複利現価）はいくらか。（円未満切り上げ）

(6) 元金*¥100,000*，年利率*3*%，期間*3*年の場合，単利の元利合計と複利の元利合計（複利終価）の差はいくらか。（それぞれの元利合計の円未満四捨五入）

(1)		(2)		(3)	
(4)		(5)		(6)	

5 **毎年末に*¥100,000*ずつ，*3*年間積み立てると，*3*年後の積立金合計高はいくらになるか。*1*〜*3*期末ごとの積立金合計の変化を説明しなさい。ただし，年利率*5.0%*，*1*年*1*期の複利とする。**

6 複利現価率の数表(p.86)を利用して，次の(1)〜(3)の計算をしなさい。

(1) 年利率2%，1年1期の複利で，3年後に¥100,000を得るために，現在，預ける金額はいくらか。(円未満切り上げ)

(2) 年利率4%，1年1期の複利で，2年後に¥300,000を得るために，現在，預ける金額はいくらか。(円未満切り上げ)

(3) 年利率6%，1年1期の複利で，3年後に¥500,000を得るために，現在，預ける金額はいくらか。(円未満切り上げ)

(1)		(2)		(3)	

7 次の(1)〜(6)の計算をしなさい。

(1) 1株につき¥1,800の株式を2,000株買い入れた。支払総額はいくらか。ただし，約定代金の0.15%の金額に¥3,250を加算した手数料を支払うものとする。

(2) 配当金が1株につき年¥4.50，投資したときの株価(時価)が¥386の株式の利回りは何パーセントか。(パーセントの小数第1位未満四捨五入)

(3) 配当金が1株につき年¥7.50，希望利回り2.8%の場合の指値はいくらか。(円未満切り捨て)

(4) 4.0%利付社債，額面¥500,000を市場価格¥95で買い入れると，支払代金はいくらか。ただし，利払日からの経過日数は73日とする。

(5) 6年後に償還される5%利付社債の買入価格が¥97のとき，単利最終利回りは何パーセントか。(パーセントの小数第3位未満切り捨て)

(1)		(2)		(3)	
(4)		(5)			

7章 ビジネス計算

◆探究問題

●参照：p.175〜185／3 利息の計算

1 「余裕資金」とはどのような意味か調べてみよう。

2 個人の余裕資金を活用するにはどのような方法があるか調べてみよう。

3 預金や投資など，年利率で表示されている余裕資金を増やす方法を調べ，例えば100万円を３年間，その方法に使うとしたら，結果はどうなるか求めてみよう。

4 自分のライフスタイルについて考え，将来の余裕資金の活用方法についてどうしたいか考えてみよう。

複利現価率の数表は85ページで使うよ！

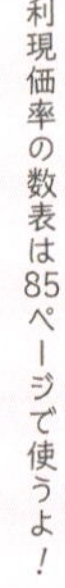

▼複利現価率の数表

期数＼利率	2％	4％	6％
1	0.98039216	0.96153846	0.94339623
2	0.96116878	0.92455621	0.88999644
3	0.94232233	0.88899636	0.83961928

■重要用語の確認

正答数　1回目　／24問　2回目　／24問

次の(1)～(24)にあてはまる用語を書きなさい。

1回目□ 2回目□ (1) 二つの量を比較するときに，比較される量を，基準となる量で割った比率。（　　）

□□ (2) 商品を仕入れたときにかかる，引取運賃などの諸費用。（　　）

□□ (3) 商品を仕入れたときの金額に，(2)を加えた金額。（　　）

□□ (4) (3)に見込利益額を加えた金額。（　　）

□□ (5) (3)に見込利益額を加えること。（　　）

□□ (6) 見込利益額の(3)に対する割合。値入率ともいう。（　　）

□□ (7) (4)に対する値引きの割合。（　　）

□□ (8) (4)から値引きしたあとの売価。（　　）

□□ (9) (8)と(3)との差額。（　　）

□□ (10) ある度量衡の単位や通貨の単位で表した数量を，別の単位の数量に計算しなおすこと。（　　）

□□ (11) 元金の貸し付けに対する報酬として支払われる金額。（　　）

□□ (12) 元金に対してのみ(11)が計算される(11)のつき方。（　　）

□□ (13) 一定期間ごとに支払われる(11)を元金に加えて，改めて(11)が計算される利息のつき方。（　　）

□□ (14) 複利法で計算したときの，期間の終わる日における元利合計。（　　）

□□ (15) (11)の日数計算で，貸借期間の初日または最終日の一方のみを日数に入れる方法。（　　）

□□ (16) (11)の日数計算で，貸借期間の初日と最終日の両方ともを日数に入れる方法。（　　）

□□ (17) 手形割引の際に差し引かれる金額。（　　）

□□ (18) 手形金額から(17)を差し引いた金額。（　　）

□□ (19) 一定の金額が一定期間ごとに継続して受け払いされる場合において，受け払いされる金額。（　　）

□□ (20) 最終期末における(19)の合計額。（　　）

□□ (21) 株式の売買の際，取引が成立した1株あたりの金額。（　　）

□□ (22) 株式に投資した金額に対する予想配当金の割合。（　　）

□□ (23) 株式投資をする場合に指定する，希望の株価。（　　）

□□ (24) 公社債などが利払日と利払日の途中で売買された場合に考慮する，前回の利払日から売買日までの利子。（　　）

▲アプリはこちらから

アプリでほかの問題にもチャレンジしてみよう！

1節 さまざまな地域の魅力と課題

教科書 p.188〜191

要点整理

正答数 ／12問

教科書の内容についてまとめた次の文章の（　）にあてはまる語句を書きなさい。

1 地域の現状

教科書 p.188〜189

Check!

日本には，手つかずの自然が残されていたり，古くからの伝統が受け継がれている魅力的な地域が数多く存在する。その一方で，それぞれの地域が，向き合わなければならない重要な課題もある。

その一つとして，東京圏にその他の地域から多くの若者が流入し，東京圏以外の（①　　　）が減るという（①）減少の課題がある。また，少子（②　　　）化の課題もある。東京圏だけの（①）増加と地方の（①）減少が続く状況を，東京（③　　　）という。

（①）減少が進んだ地域では，鉄道などの利用者が減るため，公共交通の維持が難しくなる。その結果，住まいの近くに買い物をする場所がなかったり，遠くの店まで行くための交通手段がなく，日常の買い物に大きな不便を感じている買い物（④　　　）が増えてくる。そのため近年は，（⑤　　　）や自動運転技術といった移動支援サービスへの期待が高まっている。

また，課題となっている（①）減少や少子（②）化は，地域に根ざす企業の活動にも，後継者が確保できず（⑥　　　）が困難になるなどの深刻な影響を与えている。

2 地域活性化の動き

教科書 p.190〜191

Check!

国や地方自治体は，人々に地域での就業を斡旋するなど，さまざまな取り組みを通じて地域の活性化を目指している。これらを総称して（⑦　　　）という。（⑦）では，地域独自の魅力を掘り起こし，内外の人々に向けてわかりやすく伝える（⑧　　　）という活動が重要となる。

（⑧）のなかで，特に，（⑨　　　）としての魅力を高めるための活動を（⑨）経営という。（⑨）経営には，（⑨）のプロモーションや，（⑨）のサービス改善などさまざまな活動が含まれる。近年は，映画やドラマ，アニメの舞台を観光でたずねるフィルム・ツーリズムも人気となっている。そのため，ロケ誘致や映画，ドラマに関連した観光資源の整備も重要な課題となる。（⑨）経営の担い手となる組織が（⑩　　　）である。（⑩）には，観光に関わる幅広いステークホルダーの意見を調整する役割が求められている。

また，人口減少が進む日本では，訪日外国人を対象としたビジネスに力を入れて，

(⑪　　　　　　　　)消費を増加させることが重要な課題となる。(⑪)消費を増やすためには，観光案内の多言語対応，さまざまな国の文化や慣習を踏まえた(⑫　　　　　　)の提供など，訪日外国人が快適に過ごせるようにするための工夫が必要となる。

▶Step 問題

正答数　／7問

1 次の各文の下線部が正しい場合は○を，誤っている場合は正しい語句を書きなさい。

(1) 現在，一部地域でのみ認められている自家用車の相乗りサービスを<u>移動販売</u>という。

(2) 国や地方自治体は，人々に地域での就業を斡旋するなど，さまざまな取り組みを通じて地域の活性化を目指している。これらを総称して<u>地方自治</u>という。

(3) 地域独自の魅力を掘り起こし，内外の人々に向けてわかりやすく伝える活動を<u>インバウンド</u>という。

(4) 東京都に神奈川県，千葉県，埼玉県を加えた一都三県のことを<u>東京圏</u>という。

(5) 観光地としての魅力を高めるための活動を<u>企業経営</u>といい，これには観光地のプロモーションや観光地のサービス改善などさまざまな活動が含まれる。

(6) 人口減少や少子高齢化によって，後継者を確保できず，<u>事業承継</u>が困難になって廃業する企業が増加する傾向にある。

(1)		(2)		(3)	
(4)		(5)		(6)	

2 下のグラフは，「2013年から2022年までの東京圏と各地域の純転入数の変化」を示している。このグラフからどんなことがいえるか，次のア～ウの中から一つ選び，記号で答えなさい。

ア　少子高齢化

イ　人口減少

ウ　東京一極集中

(　　　)

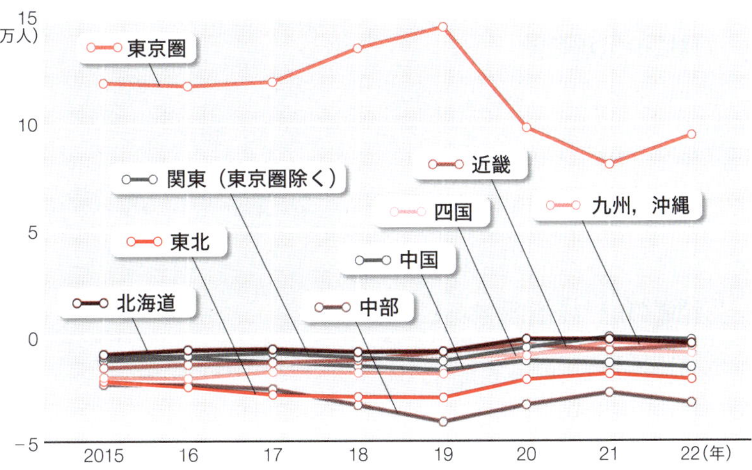

※総務省統計局「住民基本台帳人口移動報告」より作成。

2節 地域ビジネスの動向

教科書 p.192~195

要点整理

正答数　／11問

教科書の内容についてまとめた次の文章の(　)にあてはまる語句を書きなさい。

1 地域密着型ビジネス

教科書 p.192~194

Check!

地域によっては，鉄道事業の存続を(①　　　　)セクターの方式によって図っているところもある。また，地域の外から人を呼び込むため，(②　　　　)列車をビジネスとして展開する鉄道会社も増えている。

地方銀行や信用金庫，信用組合などの中には，コンビニエンスストアを見本にして，喫茶や雑誌コーナーをロビーに設けて，地域住民が集まりやすい工夫をしている金融機関もある。また，(③　　　　)の発行を通じて地域経済の活性化を支援したり，複数の金融機関が共同でファンドを設立し，(②)に関連するビジネスに(④　　　　)したりする動きもある。

野球やサッカーといった(⑤　　　　)の運営に携わる企業も，地域ビジネスにおいては重要な存在である。近年，スポーツに興味の薄い顧客層にも関心を持たれるような，ファン獲得のための画期的な工夫が行われている。また，地域密着型企業には，クラブチームへの(⑥　　　　)を通じて地域を応援するところもある。

地域住民が主体となり，地域が抱える課題をビジネスの考え方によって解決しようとする活動を(⑦　　　　)という。(⑦)の内容には，地域コミュニティにおける交流の促進，子育てをサポートする仕組みづくり，空家や空店舗の(⑧　　　　)，地域の農産物の販売支援などがある。なお，(⑦)に決まった組織形態はなく，NPO法人や個人，株式会社などさまざまな形で活動をしている。

2 地域の伝統産業

教科書 p.194

Check!

地域にはそれぞれ，特色豊かな(⑨　　　　)産業がある。古くから残る(⑨)や文化は貴重である。しかし，それらを守るだけでは，現代の消費者(⑩　　　　)に応えることはできない。(⑨)産業に携わる企業には，現代のライフスタイルに合わせてデザインや販売方法を変える(⑪　　　　)も求められている。

3 地域の魅力を発掘するビジネス

教科書 p.195

Check!

地域ビジネスに携わっているのは，その地域の企業だけではない。また，外の視点から地域の魅力を見出し，活性化を支援するビジネスもたくさんある。

▶Step 問題

正答数　／8問

1 次の各文の下線部が正しい場合は○を，誤っている場合は正しい語句を書きなさい。

(1) 地域住民が主体となり，地域が抱える課題をビジネスの考え方によって解決しようとする活動をシェアリングエコノミーという。

(2) 空家や空店舗などの建物に大規模な増築や改築を施すことをイノベーションという。

(3) 従来は商品券の形をとっていたが，最近では金融機関だけでなく大手流通企業なども地域通貨の発行ビジネスを手がけている。

(4) 地方自治体と民間企業が共同で出資する第三セクターは，公企業の別の呼び方である。

(5) 企業がクラブチームに金銭的な援助などを行うことを，スポンサーシップという。

(6) 伝統産業に携わる企業には，現代のライフスタイルに合わせてデザインや販売方法を変えるリノベーションも求められている。

(1)		(2)		(3)	
(4)		(5)		(6)	

2 教科書p.192～195の事例などを参考に，あなたの身近な地域ビジネスの動向を調べなさい。また，それぞれ地域のどのような魅力が活かされているか書きなさい。

動向	
魅力	

◆探究問題

●参照：p.188～195／8章 身近な地域のビジネス

1 都道府県別人口増減率を調べ，人口減少率の高い上位10の都道府県を書き出してみよう。また，人口増加率の高い下位10の都道府県も書き出してみよう。なお，調べた年度を明記すること。

2 都道府県別出生率を調べ，東京圏の一都三県の出生率と全国平均とを比較して，どんなことがいえるか考えてみよう。その際，1の調査結果も加味しなさい。なお，調べた年度を明記すること。

3 都道府県別の企業数(会社の数)を調べ，数が多い上位10の都道府県と数が少ない下位10の都道府県を書き出し，どんなことがいえるか考えてみよう。なお，調べた年度を明記すること。

4 人口減少が進むある地方都市に，３つの路線を持つバス会社があった。あなたは，そのバス会社の経営者として，次の課題に対してどのように対処すればよいか考えてみよう。

課題　３つの路線の年間利益は，A路線が10億円，B路線が１億円，C路線が５億円の赤字である。「C路線を廃止すべき」という意見が多いが，この路線がなくなると通勤・通学が不便になったり，買い物弱者が生まれたりすることは確実である。

■重要用語の確認

正答数　1回目　　／13問　　2回目　　／13問

次の(1)〜(13)にあてはまる用語を書きなさい。

1回目 □ 2回目 □ (1)　東京都に加えて，東京都に通いやすい埼玉県，神奈川県，千葉県を加えた一都三県のこと。

（　　　　）

□□ (2)　住まいの近くに店がなかったり，遠くの店に行く交通手段がなかったりするために，日常の買い物に大きな不便を感じている人々のこと。

（　　　　）

□□ (3)　現在，一部の地域でのみ認可されている，自家用車の「相乗り」サービス。

（　　　　）

□□ (4)　国や地方自治体が，地域での就業の斡旋などさまざまな取り組みを通じて地域の活性化を目指すこと。

（　　　　）

□□ (5)　地域独自の魅力を掘り起こし，内外の人々に向けてわかりやすく伝える活動。

（　　　　）

□□ (6)　観光地としての魅力を高めるための活動である観光地経営の担い手となる組織。

（　　　　）

□□ (7)　観光地に数多くの観光客が押し寄せることで，地域住民の生活や自然環境などに悪影響がもたらされること。

（　　　　）

□□ (8)　訪日外国人観光客による日本国内での消費のこと。

（　　　　）

□□ (9)　単なる移動手段としてではなく，乗車すること自体を観光の目的とした列車。

（　　　　）

□□ (10)　地域経済の活性化に繋がる役割を持ち，特定の地域内に限って通用する通貨。

（　　　　）

□□ (11)　地域住民が主体となり，地域が抱える課題をビジネスの考え方によって解決しようとする活動。

（　　　　）

□□ (12)　空家や空店舗などの建物に大規模な増築や改築を施すこと。

（　　　　）

□□ (13)　伝統工芸品の産地などを訪ねる観光。（　　　　）

▲アプリはこちらから

アプリでほかの問題にもチャレンジしてみよう！

▶目標設定＆振り返りシート◀

本書での学習を進めるにあたり，各章ごとに記録をつけながら学習態度を振り返ったり，目標を設定したりしましょう。

重要用語の確認は，得点を記入しましょう。

探究問題は，自分自身がよくできたと感じた場合は，一番左のチェックボックスにチェックをつけましょう。できたと感じた場合は真ん中，あまりできなかったと感じた場合は，一番右のチェックボックスにチェックをつけましょう。

memo欄には，「記述問題の正答数を増やす」など，それぞれの章の学習で自分自身が目標にしたい内容を書きこんでください。また，それができたかも振り返りながら学習を進めていきましょう。

1章 商業の学習とビジネス

p.2～11

重要用語の確認(p.11)　1回目　/23問　2回目　/23問

探究問題(p.10)　Check! □□□

memo

2章 ビジネスとコミュニケーション

p.12～21

重要用語の確認(p.21)　1回目　/19問　2回目　/19問

探究問題(p.20)　Check! □□□

memo

3章 経済と流通の基礎

p.22～32

重要用語の確認(p.32)　1回目　/25問　2回目　/25問

探究問題(p.31)　Check! □□□

memo

4章 さまざまなビジネス

p.33~53

重要用語の確認 1 (p.51)　1回目　/20問　2回目　/20問
重要用語の確認 2 (p.52)　1回目　/21問　2回目　/21問
重要用語の確認 3 (p.53)　1回目　/19問　2回目　/19問
探究問題 1 (p.49)　Check! □□□　探究問題 2 (p.50)　Check! □□□

memo

5章 企業活動の基礎

p.54~70

重要用語の確認 1 (p.68)　1回目　/21問　2回目　/21問
重要用語の確認 2 (p.69)　1回目　/18問　2回目　/18問
重要用語の確認 3 (p.70)　1回目　/15問　2回目　/15問
探究問題 1 (p.66)　Check! □□□　探究問題 2 (p.67)　Check! □□□

memo

6章 ビジネスと売買取引

p.71~77

重要用語の確認(p.77)　1回目　/16問　2回目　/16問
探究問題(p.76)　Check! □□□

memo

7章 ビジネス計算

p.78~87

重要用語の確認(p.87)　1回目　/24問　2回目　/24問
探究問題(p.86)　Check! □□□

memo

8章 身近な地域のビジネス

p.88~93

重要用語の確認(p.93)　1回目　/13問　2回目　/13問
探究問題(p.92)　Check! □□□

memo

●**編修**

実教出版編修部

〔(商業 701) ビジネス基礎〕準拠
ビジネス基礎
準拠問題集

※QRコードは(株)デンソーウェーブの
登録商標です。

本文基本デザイン――松利江子
表紙デザイン――松利江子

●編　者――実教出版編修部

●発行者――小田良次

●印刷所――株式会社加藤文明社

●**発行所――実教出版株式会社**

〒102-8377
東京都千代田区五番町5
電話〈営業〉(03)3238-7777
〈編修〉(03)3238-7332
〈総務〉(03)3238-7700
https://www.jikkyo.co.jp/

002402022　ISBN 978-4-407-36065-3